中华文化小史

先秦小史

张荫麟 著

济南出版社

一苇
a thinking reed

图书在版编目（CIP）数据

先秦小史 / 张荫麟著. -- 济南 : 济南出版社, 2024. 11. -- ISBN 978-7-5488-6824-8

Ⅰ. K220.9

中国国家版本馆 CIP 数据核字第 2024J9882B 号

先秦小史

XIANQIN XIAOSHI

张荫麟 著

出 版 人 谢金岭
责任编辑 范玉峰 尹海洋 孙梦岩
责任校对 徐康萍 贾凤仪
装帧设计 胡大伟

出版发行 济南出版社
地 址 济南市市中区二环南路 1 号（250002）
总 编 室 0531-86131715
印 刷 济南乾丰云印刷科技有限公司
版 次 2024 年 11 月第 1 版
印 次 2024 年 11 月第 1 次印刷
开 本 145mm × 210mm 32 开
印 张 5
字 数 111 千字
书 号 ISBN 978-7-5488-6824-8
定 价 39.80 元

如有印装质量问题 请与出版社出版部联系调换
电话：0531-86131736

出版说明

张荫麟（1905—1942），号素痴，亦常作笔名，广东东莞人，我国著名的学者和历史学家。他在清华大学求学时与钱钟书、吴晗、夏鼐并称“文学院四才子”，并先后在《学衡》《清华学报》《东方杂志》《燕京学报》等刊物发表论文和学术短文40多篇，深得当时史学界称赞。赴美留学归来后，先后在清华大学、北京大学、西南联大等高校任教，1940年在浙江大学任教期间出版《中国史纲》一书。后他因病于1942年10月24日在遵义病逝，年仅37岁。

熊十力曾评价说：“张荫麟先生，史学家也，亦哲学家也。其宏博之思，蕴诸中而尚未及阐发者，吾固无从深悉。然其为学，规模宏远，不守一家言，则时贤之所夙推而共誉也。”

张荫麟先生在《中国史纲》的“初版自序”中说，他写此书的目标如下：（1）融会前人研究结果和作者玩索所得以说故事的方式出之，不参入考证，不引用或采用前人叙述的成文，即原始文件的载录亦力求节省；（2）选择少数的节目为主题，给每一所选的节目以相当透彻的叙述，这些节目以外的大事，只概略地涉及以为背景；（3）社会的变迁，思想的贡献和若干重大人物的性格，兼顾并详。

今次，特选取《中国史纲》的前六章，辑为一册，定名为《先秦小史》，将其作为“中华文化小史”丛书断代史系列的一种进行出版，以飨读者。

目录

出版说明 1

第一章 中国史黎明期的大势 1

第一节 商代文化 2

第二节 夏商大事及以前之传说 11

第三节 周朝的兴起 15

第四节 周代与外族 20

第二章 周代的封建社会 27

第一节 封建帝国的组织 27

第二节 奴隶 30

第三节 庶民 33

第四节 都邑与商业 37

第五节 家庭 40

第六节 士 42

第七节 宗教 47

第八节 卿大夫 52
第九节 封建组织的崩溃 55

第三章 霸国与霸业 59
第一节 楚的兴起 59
第二节 齐的兴起（附宋） 62
第三节 晋、楚争霸 65
第四节 吴、越代兴 72
第五节 郑子产 75

第四章 孔子及其时世 80
第一节 鲁国的特色 80
第二节 孔子的先世与孔子的人格 81
第三节 孔子与其时世 85
第四节 孔子与政治 89
第五节 孔子与教育 94
第六节 孔子的晚年 101

第五章 战国时代的政治与社会 103
第一节 三晋及田齐的兴起 103
第二节 魏文侯、李克、吴起 106

第三节　秦的变法　109

第四节　经济的进步与战争的变质　113

第五节　国际局面的变迁　119

第六章　战国时代的思潮　125

第一节　新知识阶级的兴起　125

第二节　墨子　129

第三节　墨子与墨家　132

第四节　孟子、许行及周官　135

第五节　杨朱、陈仲、庄周、惠施、老子　142

第六节　邹衍、荀卿、韩非　146

第一章　中国史黎明期的大势

从前讲历史的人每喜欢从“天地剖判”或“混沌初开”说起。近来讲历史的人每喜欢从星云凝结和地球形成说起。这部书却不想拉得这么远，也不想追溯几百万年以前，东亚地方若干次由大陆变成海洋，更由海洋变成大陆的经过；也不想追溯几十万年以前当华北还没有给飞沙扬尘的大风铺上黄土层的时候，介乎猿人与人之间的“北京人”怎样在那里生活着，后来气候又怎样改变，使得他们消灭或远徙，而遗留下粗糙的石器、用火的烬迹、和食余的兽骨人骨，在北平附近的周口店的地层中；也不想跟踪此后石器文化在中国境内的分布、传播和进步，直至存在于公元前六七千年间具有初期农业和精致陶器的“仰韶文化”（仰韶在河南渑池附近）所代表的阶段。

这部中国史的着眼点在社会组织的变迁、思想和文物的创辟，以及伟大人物的性格和活动。这些项目要到有文字记录传后的时代才可得确考。

严格地说，照现在所知，我国最初有文字记录的时代是商朝，略当于公元前 18 世纪中叶至 12 世纪中叶。本书即以商朝为出发点，然后回顾其前有传说可稽的四五百年，即以所知商朝的实况为鉴别这些传说的标准。

第一节　商代文化

商朝在最后的二百七十多年间，定都于殷，即今河南安阳，故此商朝又名殷朝。我们称这二百七十多年为商朝的后期，我们所以确知商朝已有文字记录乃因为公元 1899 年以来殷都遗址——即所谓殷墟——的发现和发掘。

殷墟出土的遗物，除了大批的铜器、陶器、骨器、石器外，最引史家注意的是无数刻有文字的龟甲和兽骨（至少有十万片以上）。这些甲骨差不多全是占卜所用的，乃王室卜人所保存的档案。原来商人要预测未来的吉凶，或探问鬼神的意旨，便拿一块龟腹甲（间有用背甲的）或牛肩胛骨（间有用肋骨的），在一面加以钻凿，却不令穿透，然后在钻凿处灼火，另一面便现出裂纹，这叫作“兆”。卜人看兆而断定鬼神或一种神妙的势力对于所问的反应。所问的事情，有时连日后的“应验”，就刻在兆的旁边，这可称为卜辞。卜辞的内容以关于祖先的祭祀的为最多，如卜祭祀的日期、用牲的种类、用牲的数目等；有关于气象的，如卜雨、晴、风、雪等；有关于岁收的丰歉的；有关于征伐、渔猎和出行涉川之利否的；有关于疾病、胎孕和梦征的；有所谓卜旬和卜夕的，即于一旬之末卜下一旬有无灾害和于日间卜是夕有无灾害的。还有别的事项这里不能尽举。卜辞以外，甲骨文书中也有少数短短的记事，例如记颁发矛若干，某人取贝若干，某日某人入觐之类；又有田猎获兽的记录，刻在兽头骨上的。甲骨文书全是商朝后期的遗物。根据甲骨文书、甲骨文字的分析，其他商代的遗物遗迹和后人关于商朝的记载，我们可作一商代的文化的速写如下。

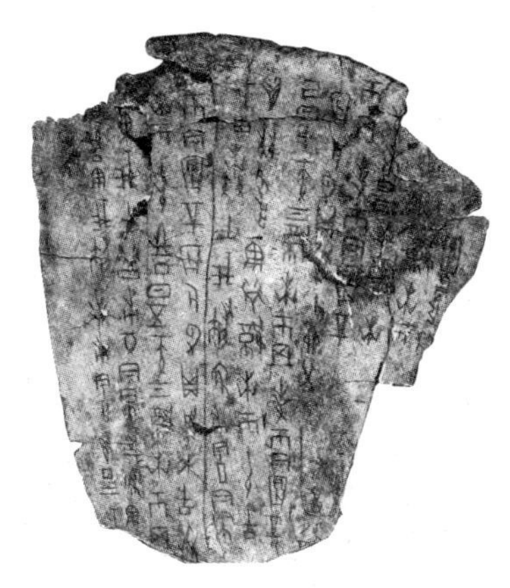
甲骨文

商人以农业为主要的生产方法。农作物有黍、稷、稻、麦、蚕桑。卜辞中“卜黍年”“贞（卜问）我受黍年”“贞其登黍”的记录很多，而此等处的黍字从未见有用别的植物名来替代的，可知黍为商人主要的农作物。帛、巾、幕等字和若干从“糸”的字的存在，证明丝织工艺的发达。有酒，以黍酿造。耕种全用人力。农具有耒耜。原始的耒耜，盖全以木为之。耒是一根拗曲的木棒，下端歧而为二，歧头上安一横木，以便脚踏。这是起土用的。耜和耒的分别是下端斜锐而不分歧，利于刺地而不利于起土，大约过于坚实的土，耒不能起便先用耜去刺松。耒当是利用树丫做成。商人是否已用铜做耒耜的下部，不得而确知。

渔猎和畜牧也是商人的盛大的生产副业。鱼的种类不见于卜辞。猎品，除野猪、鹿、狼、兕、兔、雉外，还有象。商王田猎的记录中，获鹿有一次三百八十四头的，获猪有一次一百一十三头的，获狼有一次四十一头的。可见殷都附近的开辟程度。供食的家畜，除牛、羊、鸡、豕外，还有狗。牧畜业之盛从王室祭祀用牲之多可见，每有一次用牛羊三四百头的。

后母戊鼎

驯役的动物除牛（旱牛和水牛）、马、犬外，还有象。至迟在商朝末年，商人曾利用象去作战。

商人已有铸造青铜（铜锡合金）器的工艺，铸造工场的遗物曾在殷墟找得，有可容铜液十二三公斤的陶制炼锅，有铜制的型范，有铜矿石，有炼渣。商人的兵器及工具大部分已用铜制，但也有一部分仍用石或骨角制。殷墟遗物中有铜制的戈头、矛头、瞿、箭镞、锛、小刀、针；石制的矛头、枪头、箭镞、刀、斧、粟凿；牛角或鹿角制的矛头、箭镞和骨锥。骨角制的兵器也许是仅作明器用的。

商人铸铜技术之最高的造就，乃在王宫和宗庙里所陈列的供饮食和盛载用的种种器皿，如尊、卣（盛酒用）、爵（酌酒用）、觚（饮器）、罍、簋（食器）、方彝、巨鼎（盛食物用）等，都是具有很缛丽的花纹的。可惜写此段时，殷墟的铜器，作者尚无缘寓目。兹根据他人参观（民国二十六年夏教育部第二次全国美术展会所陈列者）的报告，略记二器，以见一斑。一为提梁卣：器分三层，上层为一盖，以练系于梁间，下层为卣的本体，中层搁上是一盖，取下来却是一觚，提梁的两端，各有一生动的兔形的兽头，全器周围是细致的花纹。一为盂形的器：当中有一柱，柱顶成莲花形，其旁四龙拱绕，两龙锐角，两龙钝角，四龙相连，可以环柱为轴而旋转，盂身和柱周围也是细致的花纹。

此外殷墟铜器之可注意的有盘、壶、铲、勺、漏勺、筷子等，还有战士戴的盔。

殷墟的陶器包括种类繁多的饮器、食器、盛器和烹饪器，其质地有灰色、红色的粗陶，黑色、白色的细陶和一种经高温烧加釉的陶；其纹饰多数是刻划的。细陶的纹饰极复杂，其母题有动物形、几何图案和图案化的动物形。

商人牙、骨、玉、石雕刻工艺在殷墟的遗迹也很丰富，举其特别可注意的：有镶嵌绿松石的象牙鸱尊；有一种雕纹的（也有绘纹的）骨制玩器，仿佛后世“如意”一类的东西，长形略曲，其花纹为龙、凤或蝉形，偶或嵌着绿松石；有各种式的佩玉，或作圆圈，或作半圆，或作长筒，或双龙相对成一圆形，或两鱼相对成一半圆，或状人物、人面、兽头、虎、兔、象、鸮、燕、鸽、鱼、蛙、蝉、长尾鸟、蝙蝠等；又有巨大的大理石的立体雕刻品，状人物、虎、龟、鸮、蟾、双兽等，以供陈设之用。

从状人物的雕刻品和其他遗物，我们知道商人是席地而坐的；知道当时一部分人的服装是交领、右衽、短衣、短裙、束带，其鞋翘尖；知道当时女人脸上涂朱；头饰极复杂，左右两鬓或额间的头巾上缀一绿松石砌成的圆形物；头发中间束一骨圈；发上戴雕纹嵌绿松石的象牙梳；又簪骨制或玉制的笄，小的一两枝，多的几十枝；笄头雕各式各样的（现已发现四五十种）兽头和花纹；她的头饰比头还高。

关于商人的居室，我们也有一些推想的根据。有殷墟曾发现版筑的遗迹，那是房屋的基址。有一处基址作长方形，四围有许多大石卵，其相互间的距离，大略相等。这些石卵大约就是柱础，原来上面是安柱的。有一基址长三十公尺，宽九公尺，石柱础之外，并有铜柱础十个。殷墟绝无砖瓦，房顶想必是用茅草编成的。古人所谓“茅茨土阶”，大约就是商朝宫殿的写照。又发现一座纯黄土筑成的大台基，面向正南，与罗盘所指的完全相合。台基前十九公尺，也有大石卵，排成弓背形。台基的四周，遗下好些整副的野猪骨，可见这建筑必是和祭祀有关的。又掘出若干长方的坎穴，有阶级可上下，中有破陶片、牛骨、狗骨之类。坎穴内周围用硬土筑成，铁一般坚固。有些坎穴之下又套一个坎穴。这些坎穴是否与上说的版筑柱础同时，不能确定。但我们知道，远距商朝亡后三四百年，还有贵族的地下宫室见于记载（《左传》），则商朝后期之有这种穴居是很可能的。殷墟又掘出一些商王的陵墓。从墓室的情形可以推知王宫内部的情形。墓室一律作亚字形，原是木构，木料已腐化无存，却剩下木构上所装的各种立体石雕，作兽头、双面、牛头、鸟、兽等形。又从墓中的遗迹推之，可知原来墙壁的内面是嵌镶着许多纹饰和涂着红色的。

商人的交通用具，有牛、马、牛马或象驾的车。除普通的车外，又有兵车，其形式大略是舆作半圆形，由后升降，一辕驾四马，两服两骖，与后来周朝的兵车无多差异；这是从殷墟发现的铜质车饰推知的。据卜辞的记载，商人出征有时远行至三四十日。

上面讲的是商人的“物质文明”。其次要讲他们的社会组织，可惜后者的资料远不如前者的详晰。

商人是普遍聚族而居的，而且每族自成一社会的单位。每族有一名号，即所谓“氏”。所以后来商朝亡后，新朝把商遗民分派给新封的诸侯都是整族整族地分派的：例如以条氏、徐氏、萧氏、索氏、长勺氏、尾勺氏等六族分给鲁国；以陶氏、施氏、繁氏、锜氏、樊氏、饥氏、终葵氏等七族分给卫国。卜辞记商人用兵，每有派某一族或某些族的人去作战的；例如“令斿族寇周”“令多（众）子族从犬侯寇周”“命五族伐羌”等。姓和氏的分别，商朝当已有之。姓是旧有的族号，氏是比较后起的族号。因为族人的繁衍，一族可以分成许多族，而散居异地。同源异流的众族保留其旧有共同的族号，谓之姓；同时各有其特殊的族号，谓之氏。姓字甲骨文及周金文皆作生，不从女。以生为姓者，溯生之所从来也。（古人名与姓氏不并举，因为在比较原始的社会里，互相接触的人，以同姓氏为常，自无以姓氏冠其名上之必要。此种习惯直至春秋时代犹然。以姓氏冠名乃是有了五方杂处的大都市以后的事。）

商民族以一个王室和它的都邑为核心。这都邑商人自称“天邑商”。在商朝六百年间，这“天邑商”曾经六次迁徙，最初是在亳，即今河南商丘北四十里；中间五迁皆不出今山东的南半和河南的东半；最后的二百七十余年是在殷，即安阳的殷墟。商王统属着许多部族的君长，即他的“诸侯”。原则上他们对商王的主要义务，是当他需要时，派兵去助他或替他征战，此外也许还有定期的贡献。这些诸侯的来源，大抵是本来独立部族的君长，为商王所征服的，或震于商朝的威势而自愿归服的；似乎还有一部分是商王把田邑分给自己的臣下或亲族而建立的。商王对各诸侯的控制能力并不一致，诸侯对商朝也叛服不常，他们彼此间也不永远是和平的友侣。卜辞里每有商王命这个诸侯去伐那个诸侯的记载。诸侯领土与王畿之间，民族和文化的关系疏密不一。有些诸侯所领的部族与王畿的人民是属同一民族，或原来虽不属同一民族，而已经与商人同化的，这些可以概称为商人；但也有些诸侯所领的部族在语言习惯上皆与商人相异，而始终对商人保存着“非我族类”之感的，例如当商朝末年居于泾渭流域的周人。

商朝王位的继承，自第二传以下，以兄终弟及为原则。王子无嫡庶之分，皆有继位的资格。至无弟可传，然后传子。但传末弟之子抑传其先兄之子，似无定制；多数是传末弟之子，但有不少例外。每因堂兄弟争位酿成王室的大乱。最后的四传皆是以子继父，似乎已鉴于旧制的不善而有意把它改革了。诸侯的继承法是否也以兄终弟及为原则，无从知道，但至少有例外，如“周侯”的继承，始终是以子继父的。

在商朝的势力范围以内和以外散布着许多文化远较商人落后的游牧民族，不时寇略商朝或其诸侯的领域。商朝后期的最大外敌是西北的鬼方（其根据地盖在山西北部及陕西的北部和西部）。历史上记载商王武丁曾对他用兵三年之久。此外卜辞所记商人的外敌还有好些，但其中除羌人外都与后来的历史失了联络。卜辞所记商人对外战争，用兵至多不过四千、五千，俘虏至多不过十五、十六，但这些似乎不能作代表的例，因为卜辞曾记一次杀敌二千六百五十六人。

战争所获的俘虏，当有一部分是用作祭祀的牺牲，卜辞中屡有人祭的记录。但那不是常见的事。大多数俘虏当是用作奴隶。卜辞中有奴、奚、臣、仆等字皆是奴隶之称。奴隶除用执贱役外，当亦用于战争，卜辞中有“呼多臣”伐某方的记录，似是其证。又有所谓“耤臣”和“小耤臣”，似是奴隶之用于耕作的。

商人的商业已发展到使用货币的阶段，他们的货币以一种咸水贝为之，小块的玉器似乎也用为货币。从殷墟的遗物可以推知殷都一带商业之盛，铜器、玉器和绿松石饰品的原料都非近地所有；占卜用的消费量甚大的龟也是异地所产；咸水贝也是如此。特别是玉和贝必定是从远方辗转贩运而来的。

关于商人的社会状况，我们所知仅此。其次要估量他们表现于生产方法以外的智力。

甲骨文书包含单字约五千，可识的约一半。这些文字虽然形体上与今字大异，但已识的字都可依照一定规则译成今字。其意义及用法大体上与今字不殊，习惯的保守性真是可惊的。除形体外，甲骨文字与今字的差异有两点可注意：（一）带有图象性的字无论物体的写生或动作性态的喻示，每随意描写，但求肖似，没有定构。例如龟字，或画正面，或画侧面，或画尾，或不画尾，或画两足，或画一足。又如渔字，或画一鱼、一网、一手或只画一鱼、一手，或画四鱼在水中，或画一鱼傍水。（二）在意义的分别上，有好些地方比今字为详细。例如驾驭之驭，或从马，或从象，因所驭不同而异字；又如牧字，或从牛，或从羊，因所牧不同而异字；又如一兽的雌雄，各有异名；牝牡二字原指牛的两性，此外马、羊、豕、犬、鹿等，各于本字的边旁或底下加七或土，以别雌雄。

现存商人的文书只有契刻的甲骨文书。但商人所有的文书不止此种。甲骨文书是先写而后刻的。这从甲骨上一些写而漏刻的朱墨迹可以推知。殷墟又发现一块白陶上写着字。从这些字迹可以推知毛笔的存在。又甲骨文中有册字，象竹简汇集之形。既有笔又有简册，可知当有写在简册上的文书。现存荟聚上古文件的《尚书》中，传说为商朝遗文的有五篇。其中比较可信为真出商人手笔的是《盘庚》三篇，那是记商王盘庚迁都（自奄，即今山东曲阜，迁殷）前后对臣民三次训话的。

古代记载原有“商人尚鬼”的话，证以卜辞而知其确切。在商人看来，神鬼的世界是和有形的世界同样地实在，而且这两个世界关系极密切。鬼神充斥于他们的四周，预知他们自身及其环境的一切变动，操纵着他们的一切利害吉凶祸福，需要他们不断地馈飨和贿赂。他们在日常生活中每遇有可容犹豫的事情或不能解答的疑问，照例要听命于龟壳和牛骨。神鬼世界的主要成分是他们的祖先。王室对祖先的祭祀，其名目之众多，次数之频繁，供献之丰盛都非我们所能想象。用牲的数目有多至一次五十羊、三百牛，或四百牛的。用牲的方法，除置俎中蒸熟或当场生宰以供陈列外，有以火焚烧，或沉于水中，或埋入土中的。祭祀的时日，用牲的种类、数目、方法，有时连牝牡、毛色，都要凭卜人预先向所祀的祖先请示。商人心目中死鬼与现世的关系，从盘庚迁都前对臣民的第二次训词（即《盘庚》中篇所记）很可以看出。兹将其中一段的大意，译白如下：“我念着先王为你们的先人劳碌，就关心你们，要保育你们。我若有失政，先王就要重责我说：为什么虐待我的子民？你们若不知去求安乐的生活，不与我同心，先王便要责罚你们：为什么不和我的幼孙和好？你们若立心不良，先王便要革了你们的先祖先父在天的职位。你们的先祖先父受了你们的牵累就要弃绝你们，不救你们的死亡了。我有了这样乱政的臣民，只得拿贝和玉去祈祷。你们的先祖先父便会告诉先王：惩罚我的子孙罢！于是先王便大大地降下不祥来了！”祖先而外，商人的神祇，以现在所知，有主土壤的社神，有山川之神，有风雨之神，有蚕神，还有主宰百神的“帝”，即上帝。风神就是上帝的使者，他是凤鸟。卜辞中风与凤同字。

商人不知有没有占星术，但他们已会观察天象而定历法。他们的历法大致与旧时的阴历相同：一年为十二月，月有大小，大月三十日，小月二十九日；有闰月，置于年终，称为十三月。

商人的乐器有磬、埙（有石制、陶制、骨制三种）、鼓、饶（形如铃铎而无舌，持以敲击，大小三枚为一套）、龢（笙之小者）。又卜辞中有从丝从木的樂字，可见琴瑟之类当时亦已存在。

商代文化的速写止此。

第二节　夏商大事及以前之传说

商朝从成汤创业以后，六百年间，可考的大事，除了六次迁都，除了对鬼方的大战，除了最后直接间接和亡国有关的打击外，便是五度由盛而衰的循环。所谓盛就是君主英武诸侯归服；所谓衰就是君主昏暗，或王室内乱，而诸侯叛离。前期第一度的盛衰牵涉到汤孙太甲（商朝第四王）和汤的开国功臣伊尹的关系。这有二说：一说太甲无道，“颠覆汤之典型”，伊尹把他放逐于桐，过了三年，伊尹见他悔过修德，又迎他复位。一说伊尹于商王仲壬死后，把法当嗣位的太甲放逐于桐，而自即王位；其后七年，太甲自桐潜出，杀伊尹。肇始商朝后期的盘庚是一中兴之主。在他以后，唯他的侄子武丁曾一度中兴。武丁以降，商朝一直衰下去。继位的君主皆生长安逸，“不知稼穑之艰难，惟耽乐之从”（这是周朝开国元勋周公追数前朝衰亡的原因的话）。他们以畋游荒宴代替了国政的烦劳。在商朝末年，一种叔世的颓废和放纵弥漫了整个商人社会。狂饮滥醉的风气普遍于君主、贵族和庶民。这是他们亡国的主因。

在叙述商朝灭亡的经过之前，让我们回溯商朝所继承的历史线索。

商朝所替换的朝代是夏。关于夏朝，我们所知，远更模糊。例如夏朝已有没有文字？有没有铜器？其农业发展到什么程度？其政治组织与商的异同如何？这些问题都无法回答。在后人关于夏朝的一切传说和追记中，我们所能抽出比较可信的事实，大要如下。

夏朝历年约莫四百。其君位是父死子继而不是兄终弟及。其国都的迁徙比商朝更为频数。最初的君主禹历都阳城、晋阳、安邑，皆不出今山西的西南角（阳城在翼城西，晋阳在临汾西，安邑在平陆东北）。禹子启始渡河而南，居今新郑、密县间。以后除启孙后相因外患失国远窜外，夏主的迁徙，不出今河南的黄河以南，汝、颍以北。当夏朝为成汤所灭时，都于斟鄩，即今河南巩县西南。夏朝最大的事件是与外族有穷氏的斗争。有穷氏以钽（今河南滑县东）为根据地，当启子太康时，攻占了夏都（时在斟鄩）。以后统治了夏境至少有六七十年。太康逃居于外，有穷氏以次立其弟仲康及仲康子后相为傀儡。后相继被窜逐追杀。后来后相的遗腹子少康收聚夏朝的残余势力，乘有穷氏的衰弱，把他灭掉，恢复旧物。有穷氏是在夏境的东北，后来灭夏的成汤则来自东南，其先世亦发祥于东北。夏朝的外患盖常在东方。

成汤的先世累代为部族长。他的先十四代祖契与禹同时，以蕃（今河北平山附近）为根据地。契子昭明迁于砥石（今河北砥水流域），继迁于商（今河南商丘），“天邑商”及商朝之得名由此。昭明子相土是一雄才大略的君长，曾大启疆宇，以相（在今安阳西十五里）为东都。可惜他的功业的记录只剩下他的后裔的两句颂诗：

相土烈烈，海外有截。

此时的海外说不定就是辽东或朝鲜。后来商朝亡后，王弟箕子能逃入朝鲜而历世君临其地，莫不是因为商人原先在那里有些根据？相土以后两三百年间，商人的事迹无考，也许这是他们的中衰时代（传说相土发明以马驾车，又他的后裔王亥——也是成汤的先世——发明以牛驾车）。到了成汤才复把商人带领到历史上，他从商北迁于亳，继灭了北方的若干邻族，然后向夏进攻，夏主桀兵败，被他放逐于南巢（在今安徽巢县东北五里）而死，夏朝于此终结。

我们若从夏朝再往上溯，则见历史的线索迷失于离奇的神话和理想化的传说中不可析辨了。凡此种种，本书自宜从略。但其中有一部分和后来历史的外表，颇有关系，应当附带叙及。

据说禹所继承的君主是舜，国号虞，舜所继承的是尧，国号唐。当尧舜之世，天下为公，而不是一定一姓所得私有的。尧怎样获得帝位，传说没有照顾到。舜本是历山（在今山东）的农夫，有一串故事（这里从略）表明他是一个理想的孝子和理想的贤兄，又有一串故事（例如他在哪里耕种，哪里的农人便互相让界；他在哪里打鱼，哪里的渔人便互相让屋；他在哪里造陶器，哪里的陶工便不造劣器）表明他是一个理想的领袖。帝尧闻得他的圣明，便把他召到朝廷里来，把两个女儿同时嫁给他，试他治家的能力；并拿重要的职位去试他政治的能力。他果然家庭雍睦任事称职。尧老了，便告退，把帝位推让给他。尧的时候有一场普遍于全“中国”的大水灾。禹父鲧，因治水无功，被处死刑，禹继承了他父亲的任务终于把水患平定。禹治水的工作凡历十三年，在这期间，曾三次走过自己的家门，都没有进去，有一次并且听到新产的儿子在呱呱地哭呢。后来舜照尧的旧例，把帝位推让给禹。禹在死前，也照例选定了一位益做自己的继承者。但禹死后，百姓不拥戴益，而拥戴禹的儿子启，于是启践登了帝位（一说益和启争位，为启所杀）。旧例一破便不再回复了。这便是尧舜“禅让”的故事。

还有一位值得提到的传说中的重要人物，那是黄帝。他所占故事中的时代虽在尧舜之先，他的创造却似在尧舜之后。照传说的一种系谱（《史记·五帝本纪》），他是尧的高祖，舜的八世祖，禹的高祖（舜反比禹低三辈，这很奇怪），也是商

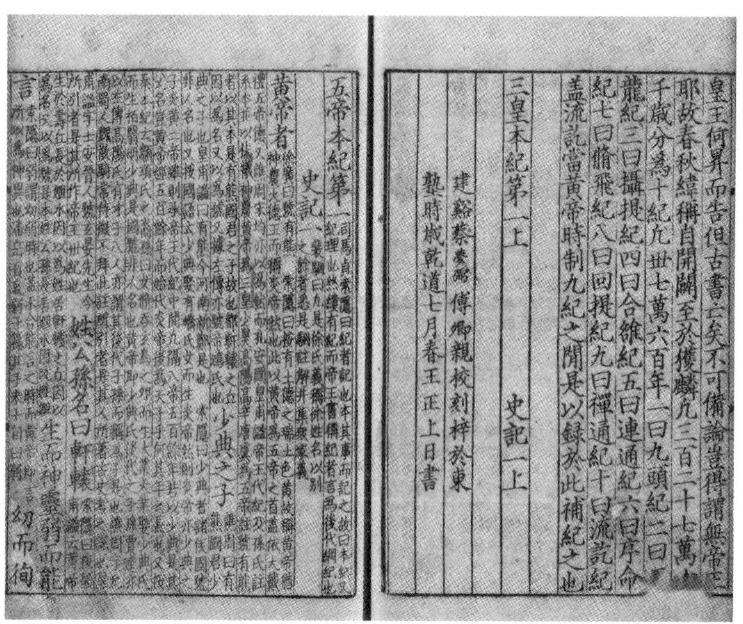

皇王何畀而告但古書亡矣不可備論豈得謂無帝王耶故春秋緯稱自開闢至於獲麟凡三百二十七萬六千歲分爲十紀凡卅七萬六百年一曰九頭紀二曰五龍紀三曰攝提紀四曰合雒紀五曰連通紀六曰序命紀七曰脩飛紀八曰回提紀九曰禪通紀十曰流訖紀蓋流訖當黃帝時制九紀之閒是以録於此補紀之也

三皇本紀第一上　史記一上

建谿蔡夢弼傅卿親校刻梓於東塾時歲乾道七月春王正上日書

五帝本紀第一　史記一

黃帝者　少典之子　姓公孫名曰軒轅　生而神靈弱而能言　幼而徇

《史记·五帝本纪》第一

周两朝王室的远祖，并且成了后来许多向化的外族的祖先。黄帝和他左右的一班人物并且是许多文化成分的创造者，例如他发明舟、车、罗盘、阵法、占星术和许多政治的制度；他的妃嫘祖最初教人养蚕织丝；他的诸臣分别发明文字、算术、历法、甲子和种种乐器。总之，他不独是中国人的共祖，并且是中国文化的源头。他的功用是把中国古代史大大地简单化了。

第三节　周朝的兴起

现在让我们离开想象，回到事实。

当商朝最末的一百年间，在渭水的流域，兴起了一个强国，号为周。周字的古文象田中有种植之形，表示这国族是以农业见长。周王室的始祖后稷（姬姓），乃是一个著名的农师（传说与禹同时），死后被周人奉为农神的。后稷的子孙辗转迁徙于泾渭一带；至古公亶父（后来追称太王），原居于豳（今陕西彬州市附近），因受不了鬼方侵迫，率众迁居岐山（在今陕西岐山县境）之下。这一带地方盖特别肥沃，所以后来周人歌咏它道：

> 周原膴膴，堇荼如饴。

以一个擅长农业的民族，经过移民的选择，来到肥沃土地，而且饱经忧患，勤奋图存，故不数十年间，便蔚为一个富强之国。到了古公子季历（后来追称王季）在位时，竟大败鬼方，俘其酋长二十人了。古公在豳，还住地穴，其时周人的文化可想而知。

迁岐之后，他们开始有宫室、宗庙和城郭了。季历及其子昌（后来追称文王）皆与商朝联婚，这促进了周人对商文化的接受，也即促进了周人的开化。

至少自古公以下，周为商朝的诸侯之一，故卜辞中有“令周侯”的记录。旧载季历及昌皆受商命为“西伯”，即西方诸侯之长，当是可信。但卜辞中屡有“寇周”的记载，可见商与周的关系并不常是和谐的。旧载古公即有“翦商”的企图。盖周自强盛以来，即以东向发展为一贯之国策。古公和季历的雄图的表现，于史无考，但西伯昌的远略尚可窥见一斑。他在逝世前九年，自称接受了天命，改元纪年。此后六年之间，他至少灭掉了四个商朝的诸侯国：

一、密　今甘肃灵台县西，

二、黎　今山西黎城县东北，

三、邘　今河南怀庆西北，

四、崇　今河南嵩县附近。

此外商诸侯不待征伐而归附他的当不少。又旧载西伯昌曾受商王纣命，管领江、汉、汝旁的诸侯，大约他的势力已及于这一带。后来周人说他“三分天下有其二”，若以商朝的势力范围为天下，恐怕竟去事实不远了。灭崇之后，西伯昌作新都于丰邑（在今西安市境），自岐下东迁居之。他东进的意向是够彰明的了。

文王死后第四年的春初，他的嗣子武王发率领了若干诸侯及若干西北西南土族的先锋（中有庸、蜀、羌、髳、微、卢、彭、濮等族类，其名字不尽见于以前和以后的历史），大举伐商；他的誓师词至今犹存，即《尚书》里的《牧誓》。凭一场胜仗，武王便把商朝灭掉。战场是牧野，离商王纣的行都朝歌（今河南淇县)不远。朝歌是他的离宫别馆所在,是他娱悦晚景的胜地。这时他至少已有六七十岁了。在享尽了畋游和酒色的快乐之后,他对第一次失败的反应是回宫自焚而死。商兵溃散,武王等长驱入殷。商朝所以亡得这样快,照后来周人的解释是文王、武王累世积德行仁,民心归向,而商纣则荒淫残暴,民心离叛;所谓“汤武革命,应乎天而顺乎人”。这固然不能说没有一些事实的影子,但事实绝不如此简单。周人记载中无意泄露的关于商、周之际的消息,有两点可注意。一说“纣克东夷而陨其身”。可见商人在牧野之战以前,曾因征服东方的外族,而把国力大大损耗了;武王乃乘其疲敝而取胜的。一说“昔周饥,克殷而年丰”。可见牧野之战,也是周人掠夺粮食、竞争生存之战。武王是知道怎样利用饥饿的力量的。

殷都的陷落和商朝的覆亡,只是周人东向发展的初步成功。商朝旧诸侯的土地并不因此便为周人所有,而且许多旧诸侯并不因此就承认武王为新的宗主。此后武王、成王、康王之世,不断地把兄弟、子侄、姻戚、功臣分封于外,建立新国。这些新国大抵是取旧有的诸侯而代之,也许有的是开辟本来未开辟的土地。每一个这类新国的建立,便是周人的一次向外移殖,便是周人势力范围的一次扩展。

但当初武王攻陷殷都之后,并没有把殷都及殷王畿占据,却把纣子武庚、禄父封在这里,统治商遗民,而派自己的两个兄弟管叔和蔡叔去协助并监视他们。这不是武工的仁慈宽大。这一区域是民族意识特别深刻的“殷顽民”的植根地,而且在当时交通不便的情形之下,离周人的“本部”丰岐一带很远,显然是周人所不易统治的。故此武王乐得做一个人情。但这却成为后来一场大变的原因。武王克殷后二年而死,嗣子成王年幼，王叔周公旦以开国功臣的资格摄政。管、蔡二叔心怀不平，散布流言，说“周公将不利于孺子”。并鼓动武庚禄父联结旧诸侯国奄（今山东曲阜一带）和淮水下游的外族淮夷，背叛周室。周公东征三年，才把这场大乱平定。用兵的经过不得而详，其为艰苦卓绝的事业，是可想象的。于是周公以成王命，把殷旧都及畿辅之地封给文王的少子康叔，国号卫；把商丘一带及一部分殷遗民封给纣的庶兄微子启，以存殷祀，国号宋；把奄国旧地封给周公子伯禽，国号鲁；又封功臣太公望（姜姓）的儿子于鲁之北，国号齐（都今山东临淄），封功臣召公奭（周同姓）的儿子于齐之北，国号燕（都今北平附近），都是取商朝旧有诸侯国而代之的。周公东征之后，周人的势力才达到他们的“远东”。就周人向外发展的步骤而论，周公的东征比武王的克殷还更重要。这大事业不可没有一些艺术的点缀。旧传《诗经·豳风》里《东山》一篇就是周公东征归后所作，兹录其一章如下：

> 我徂东山，慆慆不归。我来自东，零雨其蒙。鹳鸣于垤，妇叹于室。洒扫穹窒，我征聿至。有敦瓜苦，烝在栗薪，自我不见，于今三年。

假如传说不误，这位多才多艺的军事政治家，还是一个委婉的诗人呢！

先是武王克殷后，曾在丰邑以东不远，另造新都曰镐京（仍在西安市境），迁居之，是为宗周。“远东”戡定后，在周人的新版图里，丰镐未免太偏处于西了。为加强周人在东方的控制力，周公在洛阳的地方建筑了一个宏伟的东都，称为成周。成周既成，周公把一大部分“殷顽民”，远迁到那里。从此周人在东方可以高枕无忧了。却不料他们未来的大患乃在西方！周公对被迁到成周的殷人的训词，至今还保存着，即《尚书》里的《多士》。

武王、成王两世，共封立了七十多个新国，其中与周同姓的有五十多国；但这七十余国而外，在当时黄河下游和大江以南，旧有国族之归附新朝或为新朝威力所不届的，大大小小，还不知凡几。在这区域内，周朝新建的和旧有的国，现在可考的有一百三十多。兹于现在可考的周初新建国中，除上面已提到的宋、卫、鲁、齐、燕外，择其可以表示周人势力的分布的十八国列表如下：

国名	姓	始祖与周之关系	国都今地
晋	姬	武王子叔虞	山西太原北
霍	姬	文王子叔处	山西霍州市
邢	姬	周公子	河北邢台
芮	姬		陕西大荔县南
贾	姬		陕西蒲城西南
西虢	姬	文王弟虢叔	陕西宝鸡市东
滕	姬	文王子叔绣	山东滕州市
郕	姬	文王子叔武	山东汶上县北
郜	姬	文王子	山东城武县东南
曹	姬	文王子叔振铎	山东定陶
东虢	姬	文王弟虢仲	河南汜水县
蔡	姬	文王子叔度	河南上蔡县（在前530年左右迁于今新蔡）
祭	姬	周公子	河南郑州东北

（续表）

国名	姓	始祖与周之关系	国都今地
息	姬		河南息县
申	姜		河南南阳北
蒋	姬	周公子	河南固始县西北
随	姬		湖北随县
聃	姬	文王子季载	湖北荆门东南

本节叙述周人的南徙至周朝的创业，本自成一段落。但为以下行文的方便起见，并将成王后康、昭、穆、共、懿、孝、夷、厉八世的若干大事附记于此。这时期的记载甚为缺略，连康、昭、共、懿、孝、夷六王在位的年数亦不可考（成王在位的年数亦然）。因此厉王以前的一切史事皆不能正确地追数为距今若干年。成、康二世为周朝的全盛时代，内则诸侯辑睦，外则四夷畏慑。穆王喜出外巡游，其踪迹所及，不可确考，但有许多神话附着于他。夷王时周室始衰，诸侯多不来朝，且互相攻伐。厉王即位于公元前 878 年。他因为积久的暴虐，于即位第三十七年，为人民所废逐，居外十四年而死。在这期间，王位虚悬，由两位大臣共掌朝政，史家称之为“共和”时代。厉王死后，其子继立，是为宣王。

第四节　周代与外族

夏、商、周三朝的递嬗，代表三个民族的移徙和发展。大体上说，夏人自西而东，商人自东而西，周人复自西而东，他们后先相交错，相覆叠，相同化，同时各把势力所及地方的土族同化，在一千数百年间，这参伍综错的同化作用团结成一大民族，他们对于异族，自觉为一整体，自称为“诸夏”，有时也被称并自称为“华”。中华民国的“华”字起源于此。这自觉和自号很难说是哪一年哪一月开始，大约，至迟在公元前770年“周室东迁”的前后当已存在。这划时代的大变，一会就要讲到。我们可用这时间做中心点，以叙述诸夏与若干影响重大的外族的关系。至于其他星罗棋布于河北、山东、河南、山西、陕西而与诸夏错居的许多游牧或非游牧的种族（周人所泛称为夷或戎的）以及他们不断与诸夏互相龃龁而渐渐为诸夏同化吸收的经过，这里不能详及，现在也不能尽考。

（一）商末、周初的鬼方，后来周人称为玁狁，继称犬戎。此族在周初屡出没于丰镐以西和以北。成王时曾伐鬼方，俘人至一万三千余，战争之剧烈可想。参加此役的盂国（近岐山）曾铸鼎刻铭以记其事，至今尚存。穆王时又大败此族，俘其五王，迁其部落若干于汾洮一带。至厉王末年，玁狁乘周室内乱，又复猖獗；以后四十余年间不时寇略西陲，甚至深入王畿，迫近镐京，终为宣王所攘逐。这期间出征狁的将士的写怀诗，至今还有留存（即《诗经·小雅》的《采薇》《出车》《六月》《采芑》），兹示一斑（《采薇》六章，录四章）如下：

采薇采薇，薇亦作止。曰归曰归，岁亦莫止。靡室靡家，玁狁之故。不遑启居，玁狁之故。

采薇采薇，薇亦柔止。曰归曰归，心亦忧止。忧心烈烈，载饥载渴。我戍未定，靡使归聘。

采薇采薇，薇亦刚止。曰归曰归，岁亦阳止。王事靡盬，

> 不遑启处。忧心孔疚，我行不来。（中略）
>
> 昔我往矣，杨柳依依。今我来思，雨雪霏霏。行道迟迟，载渴载饥。我心伤悲，莫知我哀。

宣王死，子幽王立。幽王因宠艳妃，废王后及太子宜臼。太子出奔皇后的外家，即申国。王欲杀太子，求之于申，不得，王伐申，申侯求助于犬戎。于是犬戎攻陷镐京，追杀幽王于骊山下。方镐京陷落之时，鲁侯、许公及申侯拥立宜臼于申（公元前770年），是为平王。及幽王既死，虢（当是东虢）公又立王子余臣于携（当在东虢附近）。两王并立了十一年，而余臣为晋文侯所杀，周室复一。平王因镐京及王畿的西半已为犬戎所据，定都于成周，后来王室一直留在这里。平王把沦陷区交托给一个护驾功臣、原来承袭西垂大夫世职的秦襄公，许他若果能克服犬戎，便领有其地。襄公果然完成了他的任务，在那里建立了秦国。而王畿的西半不复为王室所有了。经这次打击，王室日渐衰微，到后来只保存了一个共主的空名。史家称东迁以前的周朝为西周，以后的周朝为东周（现存鲁国史记《春秋》包括东周第四十九年以下的二百四十二年，史家称这时代为春秋时代）。

（二）入东周后，从公元前662至595年间，为诸夏祸最烈的外族，是犬戎的同源异派，当时周人称为“狄”的。狄有赤、白之别，又各分为许多部族。赤狄分布于今河北广平至山西潞城、屯留一带；白狄一部分在陕北延安一带，一部分在河北藁城、晋县（今晋州市）一带。但这时期的记载并没有分别侵略者为赤为白，或其所属的特殊部族，只笼统称之为狄而已。大约来侵的狄人，赤狄占大多次数，东方的白狄占小数，而西方的白狄不预。在这期间齐受狄侵七次，卫六次，晋五次，鲁二次；邢、宋、温、郑、周各一次。卫受摧残最甚，被逼两次迁都（卫原都朝歌，在河南淇县东北；一迁楚邱，在河南滑县东，再迁帝丘，在河南濮阳），其国境大半沦陷，赖齐桓公之救始免于亡国。邢亦被迫迁都（邢本都河北邢台，迁山东东昌），亦赖齐桓公之救始免于亡国。成周为狄攻陷，周襄王出奔于郑，赖晋文公之救始得复国。结束狄患的是晋国，它于公元前 593 至前 592 两年间，倾全国之力灭赤狄；继于前 530 至前 520 年间灭东方白狄的大部分。经这两役，广漠的狄土中的邢、卫的沦陷地皆入于晋，晋境盖展拓了一倍以上。

（三）周代以前，中国历史的主要地盘是在山东、河南、山西，而旁及河北、陕西的一部分。其时长江下游包括湖北、安徽、江苏、浙江等地的历史，几乎完全埋在黑暗之中。到了周朝，这一区域里民族分布的情形才有鳞爪可见。周人的拓殖已达到湖北汉水的东北，其汉水以西南，直至大江，则为楚人的领域。安徽境内部族之可考者有群舒，在舒城至庐江间及六安、霍丘一带；有徐戎，在泗县以北一带。在江苏境内，江北有淮夷，以邳县（今邳州市）一带为中心，其江南则为吴人的领域。吴地并跨浙江的浙西，其浙东则为越人的领域。越地并跨江西的鄱阳湖之东。

这些民族中，群舒的历史吾人所知最少，只知道他在鲁僖公（公元前 659 至前 627 年）时曾与鲁为敌，鲁人歌颂僖公，有“荆舒是惩”之语，它们自前 615 年以后陆续为楚所灭。

徐戎当周穆王之世，在徐偃王的统治之下，曾盛极一时；东方诸侯臣服于他的有三十六。他晚年力行仁义，不修武备；结果，楚人来伐，他一战败死，他的霸业也随之烟消云散。徐戎每与淮夷联合，以敌对诸夏，特别是鲁。周公子伯禽初就封于鲁时，这两族便并起与他为难。厉、宣之际两族又乘机凭陵诸夏，至劳宣王亲征平定。《诗经》里《常武》（《大雅》）一篇即咏此事，中有云：

王奋厥武，如震如怒。进厥虎臣，阚如虓虎，铺敦淮渍，仍执丑虏。截彼淮浦，王师之所。王旅啴啴，如飞如翰，如江如汉，如山之苞，如川之流，绵绵翼翼，不测不克，濯征徐国。

后来鲁人歌颂僖公的成功也说他：

保有凫绎，遂荒徐宅；至于海邦，淮夷蛮貊。

淮夷受诸夏同化的程度，现在无征。徐戎至迟在东周时已采用了诸夏的文字。这有现存几件徐国铜器的铭文为证，举其一例如下：

隹（唯）正月初吉丁亥，徐王庚之淑子沇儿，择其吉金，自作和钟。中翰且扬，元鸣孔皇。孔喜元成，用盘（乐也）饮酒，和会百姓。淑于威仪，惠于明祀。𪊲（吾）以晏以喜，以乐嘉宾及我父兄庶士。皇皇熙熙，眉寿无期，子子孙孙，永保鼓之。

徐戎于公元前512年为吴所灭。淮夷自前515年以后不见于历史，其结局无考，大约非被灭于吴则被灭于越。

楚、吴、越三国有一重要的共同点：三国的王族都不是土著，而是从北方迁来的。传说楚王族的先祖季连，其长兄昆吾为夏

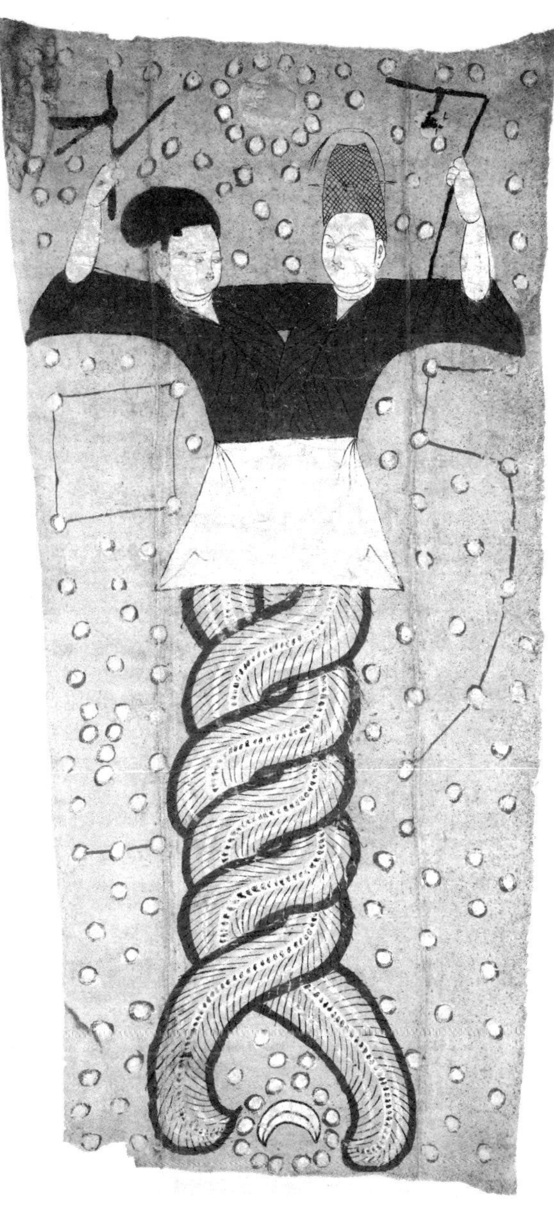

〔唐〕佚名《伏羲女娲像》

朝诸侯之一，国于今河南许昌；其后嗣称昆吾氏。昆吾氏之国为成汤在伐桀之前灭掉。季连的事业无考。他的后裔衰微，散在中国和蛮夷。周文王时，有鬻熊，乃季连后裔之君长于楚地者，归附于文王。鬻熊的曾孙熊绎，当成王末年始受周封。吴国王族的始祖是王季之兄泰伯和仲雍（兄弟相继），传说他们因为让国给王季而逃至吴地。越国王族的始祖相传是夏禹之后。这些南向远徙的殖民领袖，怎样犯难冒险去到目的地，怎样征服了土人而君临其上，现在都不得而知了。他们和他们的子孙既与本土隔绝，渐为当地蛮夷所同化。例如居吴越的便同土人一样断发（诸夏束发，戎狄被发，吴越断发）文身。但经过了长期的隔离之后，当这些国族的发展把他们带到诸夏的世界时，同化的方向都倒转了过来。楚和诸夏发生密切的关系最早，自西周初期以来，便是周室的劲敌；吴次之，入东周一八五年（公元前583年）始与诸夏有使节往来；越则直待前473年灭吴以后，始有机会与诸夏接触。楚、吴、越的历史续详于第三章。

第二章　周代的封建社会

第一节　封建帝国的组织

武王所肇创、周公所奠定的“封建帝国”，维持了约莫七百年（公元前11世纪初至前5世纪末）。这期间的社会概况便是本章所要描写的。自然在这期间，并非没有社会变迁，而各地域的情形也不一致。这纵横两方面的变异，虽然现在可能知道的很少，下文也将连带叙及。这个时期是我国社会史中第一个有详情可考的时期。周代的社会组织可以说是中国社会史的基础。从这散漫的封建的帝国到汉以后统一的郡县的帝国，从这阶级判分、特权固定的社会到汉以后政治上和法律上比较平等的社会，这期间的历程，是我国社会史的中心问题之一。

上面所提到“封建”一词常被滥用。严格地说，封建的社会的要素是这样：在一个王室的属下，有宝塔式的几级封君，每一个封君，虽然对于上级称臣，事实上是一个区域的世袭的统治者而兼地主；在这社会里，凡统治者皆是地主，凡地主皆是统治者，同时各级统治者属下的一切农民非农奴即佃客，他们不能私有或转卖所耕的土地。照这界说，周代的社会无疑地是封建社会。而且在中国史里只有周代的社会可以说是封建的社会。名义上这整个的帝国是“王土”，整个帝国里的人都是“王臣”，但事实上周王所直接统属的只是王畿之地。王畿是以镐京和洛邑为两个焦点，其范围现在不能确考，但可知其北不过黄河，南不到汉水流域，东不到淮水流域，西则镐京已接近边陲。王畿之地，在周人的估计中，是约莫一千里见方。王畿之外，周室先后封立了一百三十个以上（确数不可考）的诸侯国，诸侯对王室的义务不过按期纳贡朝觐，出兵助王征伐，及救济畿内的灾患而已。诸侯国的内政几乎完全自主。而王室开国初年的武威过去以后，诸侯对王室的义务也成了具文，尽不尽听凭诸侯的喜欢罢了。另一方面，周王在畿内，诸侯在国内，各把大部分的土地，分给许多小封君。每一小封君是其封区内政治上和经济上的世袭主人，人民对他纳租税，服力役和兵役，听凭他生杀予夺，不过他每年对诸侯或王室有纳贡的义务。

周朝的诸侯国，就其起源可分为四类。第一类是开国之初，王室把新征服或取得的土地，分给宗亲姻戚或功臣而建立的。前章所表列的国家皆属此类。第二类是开国许久之后，王室划分畿内的土地赐给子弟或功臣而建立，例如郑、秦。郑始祖为周厉王少子友，宣王时始封，在今陕西华县。幽王之乱，郑友寄家于郐及东虢，因而占夺其地，别建新国（在今河南中部黄河以南新郑一带）。第三类是拿商朝原有的土地封给商朝后裔的，属于此类的只有宋。第四类是商代原有的诸侯国或独立国，归附于周朝的，例如陈、杞等。旧说周朝诸侯，爵分五等，即公、侯、伯、子、男。此说曾有人怀疑。但现存东周的鲁国史记里确有这五等的分别。其中所称及的诸侯公爵的只有宋，男爵的

史墙盘铭文拓片

只有许（今河南许昌）；属于第一类的多数为侯，亦有为伯的；属于第二类的秦、郑皆为伯；属于第四类的大抵为子。

王畿内的小封君殆全是王族。列国的小封君原初殆亦全是“公族”（国君的同族）；但至迟在前7世纪初这种清一色的局面已打破。齐桓公（前651至前643年）有名的贤臣管仲和景公（前547至前490年）有名的贤臣晏婴都有封地，却非公族，晏婴并且据说是个东夷。晋国自从献公（前676至前651年）把公族几乎诛逐净尽，后来的贵族多属异姓，或来自别国。秦国自从它的政制有可稽考，自从穆公（前659至前621年）

的时代，已大用“客卿”，公族始终在秦国没有抬过头。但鲁、郑和宋国，似乎终春秋之世不曾有过（至少稀有）非公族的小封君。这个差异是进取和保守的差异的背景，也是强弱的差异的背景。畿内小封君的情形，我们所知甚少，姑置不谈。列国的小封君统称为大夫。列国的大夫多数是在国君的朝廷里任职的，其辅助国君掌理一般国政的叫作卿。卿有上下或正副之别。大国的卿至多不过六位。大夫亦有上下的等级，但其数目没有限制。大夫的地位是世袭的，卿的地位却照例不是世袭的，虽然也有累代为卿的巨室。大夫的家族各有特殊的氏。有以开宗大夫的官职为氏的；有以封地的首邑为氏的；若开宗大夫为国君之子，则第三世以下用开宗大夫的别字为氏。下文为叙述的便利，称大夫的世袭的家业为“氏室”，以别于诸侯的“公室”和周王的“王室”。（周制：列国的卿，有一两位要由王朝任命，但此制实施之时间空间范围不详）

周王和大小的封君（包括诸侯）构成这封建社会的最上层，其次的一层是他们所禄养的官吏和武士，又其次的一层是以农民为主体的庶人，最下的一层是贵家所豢养的奴隶。

第二节　奴隶

关于奴隶阶级的情形现在所知甚少。譬如在全国或某一地域中奴隶和其他人的比例是怎样呢？天子、诸侯或大夫所直接役属的奴隶有多少呢？我们都不得而知。幸而当时周王和列国君主赏赐奴隶的数目常见于记录。最高的记录是晋景公（前599至前581年）以“狄臣”（狄人做奴隶的）一千家赏给他一个新立战功的大夫荀林父。其次是齐灵公（前581至前554年）以奴隶三百五十家赏给他的一个新受封的大夫。荀林父在这次受赐之前已做过两朝的执政，他家中原有的奴隶，至少当可以抵得过这一次的赏赐。可见是时一个大国的阔大夫所有的奴隶会在一万人以上。

这些奴隶的主要来源是战争。周初克殷和东征的大战，不用说了，此后诸夏对异族的征讨，和诸侯相互的攻伐，每次在战场内外所获的俘虏，除了极小数有时被用来“衅鼓”（杀而取血涂鼓，以袚除不祥）或用作祭祀的牺牲外，大部分是做了胜利者的奴隶。殷亡国以后，殷人被俘虏的一定很多，但究有若干，现在不可确考（《逸周书》所载不可靠）。此后俘数之可知者：对外的例如成王二十五年伐鬼方之役俘一万三千八十一人，又如上说赏给荀林父的“狄臣”一千家就是当时新获的俘虏的一部分。对内的例如前484年吴国、鲁国和王师伐齐，俘齐国甲车八百乘，甲士三千人。俘虏的利益有时竟成为侵伐的动机。诸侯对天子，或小国对大国时常有献俘的典礼。诸夏国互获的俘虏可以赎回。鲁国定规赎俘之费由国库负担。但有被赎的幸运的恐怕只是显贵的俘虏，而有时所费不赀。例如前611年，宋国向楚人赎那“睅其目、皤其腹”的华元，用兵车百乘，文马百驷（但这些礼物还未交到一半他就逃脱回来了）。奴隶的另一个来源是罪犯。犯罪的庶人和他的家属被没入贵家为奴的事虽然不见于记载，但我们知道，贵家因罪戾被废，或因互争被灭，其妻孥有被系或被俘而用作赏品的，其后裔有“降在皂隶”的。

奴隶做的是什么事？第一，自然是在贵人左右服役。这一类的奴隶包括“小臣”（即侍役）、婢妾和管宫室、管车驾的仆竖；

还有照例用被刖的罪犯充当的“阍人”和用被“宫”的罪犯充当的“寺人”。但这些只占小数。大部分的奴隶是被用于生产的工作。每一个贵家，自周王的以至大夫的，是一个自足的社会。谷米不用说是从采邑里来的。此外全家穿的衣服和用的东西，自家具以至车舆、兵器、乐器、祭器，多半是家中的奴隶制造的。这时代用车战，兵车以马驾，养马和管厩又是奴隶的事。此外山林川泽是由贵家专利的。樵、苏、渔、牧和煮盐又是奴隶的事。女奴也有分配到外边做工的：采桑养蚕的叫作蚕妾，做纺织或其他女红的叫作工妾。贵家设有一官专管工人。公室的工官普通叫作工正，唯楚国的叫作工尹。王室和公室的总工官之下还有分各业的工官；例如以现在所知，周室有所谓“陶正”者，大约是管制造陶器的；鲁国有所谓“匠师”者，大约是管木工的。有专长的奴隶每被用作礼物。例如前 589 年，鲁国向楚国求和，赂以执斫、执针、织纴各百人。又例如前 562 年，郑国向晋国讲和，所赂有美女和工妾共三十人，女乐二队，每队八人。

奴隶可以抵押买卖。西周铜器铭刻中有“赎兹五夫用百寽”的话。奴隶的生命自然由贵人随意处置。例如晋献公有一回思疑肉里有毒，先拿给狗试试，狗死了；再拿给小臣试试，这不幸的小臣便与那狗同其命运了。又例如献公的儿子重耳出亡时，他的从臣们在桑下密谋把他骗离齐国，被一个蚕妾偷听了；她回去告诉重耳的新婚夫人齐姜，齐姜恐怕妨碍公子的“四方之志”，一声不响地便把那蚕妾杀了。在周代盛行的殉葬制度底下，奴隶也是必然的牺牲。平常以百计的殉葬者当中，我们不知道有多少是奴隶。他们的死太轻微了，史家是不会注意的。但也有一件奴隶殉葬的故事因为有趣而被保留。晋景公的一个小臣有一朝起来很高兴地告诉人，他夜梦背着晋侯登天，午间他果然背着景公，但不是登天，而是“如厕”；景公本来病重，他跌落厕坑里死了，那小臣便恰好被用来殉葬。

奴隶是以家为单位的，一个奴隶家里不论男女老幼都是奴隶。他们的地位是世袭罔替的；除了遇着例外的解放。新俘奴隶被本国赎回也许是常见的事。此外奴隶被解放的机会似乎是很少的，历史上只保存着两个例子。其一，前655年，晋灭虞，俘了虞大夫百里奚，后来把他用作秦穆公夫人的“媵臣”（从嫁奴隶）。他从秦逃到楚，被楚人捉住。他在虞国本来以贤能知名，秦穆公想重用他，怕楚不给，于是以赎“媵臣”为名，以五张黑羊皮的很低代价，竟把他赎回了。他因此得到“五羖大夫”的绰号。其二，前550年，晋国内乱，叛臣手下的一个大力士督戎，人人听到他的名字就惧怕。公家有一个奴隶叫作斐豹，自荐给执政道，若把他的奴籍烧了，他便杀死督戎，执政答应了他，后来他果然把督戎杀了。

第三节　庶民

我们在上文叙述奴隶的生活时，保留着一个很重要的问题，奴隶和农业的关系是怎样？换句话说，大多数农民的地位是怎样的？关于这一方面，记载很残缺，现在可得而说的多半是间接的推论。我们可以悬想，周朝开国之初，无数战胜的族长分批地率领子弟来到新殖民地里，把城邑占据了，田土瓜分了，做他们的侯伯大夫，他们于所占得的田土当中留出一小部分，直接派人去管理，收入完全归他们自己，这种田便是所谓“公田”；其余大部分的田土，仍旧给原来的农夫耕种，却责他们以粟米、布缕和力役的供奉；他们的佃耕权可以传给子孙却不能转让或出售给别人。这种田即所谓“私田”。大部分的公田当是由耕私田的农夫兼尽义务去耕种的。他们“公事毕然后敢治私事”。但也有一部分“公田”是由奴隶去耕种的。所以西周的《大克鼎》铭文里记周王赏田七区，其中有一区注明“以厥臣妾”。但由此可见奴隶附田的制度在西周已不很普遍了。耕私田的农夫皆是所谓“庶人”。他们的地位是比奴隶稍为高贵些；但他们的生活殊不见得比奴隶好。粟米和布缕的征收固有定额，但不会很轻；什一之税在东周末年还是可望难即的理想。除正税外遇着贵人家有婚嫁等喜事他们还有特别供应。力役之征更是无限的。平常他们农隙的光阴大部分花在贵人的差使上。若贵人要起宫室、营台榭、修宗庙或筑城郭，随时可以把他们征调在鞭子底下做苦工。遇着贵人要打仗，他们得供应军需，并且贡献生命。遇着凶年饥馑，他们更不如奴隶的有依靠，多半是“老弱转乎沟壑，壮者散而之四方”。

西周传下来的一首民歌《七月》描写豳（今陕西彬州市）地农民的生活很详细。根据这诗，可以作一个农民的起居注如下：正月把农器修理。二月开始耕种，他的妻子送饭到田里给他吃，督耕的“田畯”也笑嘻嘻地来了。同时他的女儿携着竹筐到陌上采桑。八月他开始收获，同时他的女儿忙着缫丝，缫好了，染成黑的、黄的，还有红洒洒的预备织做公子的衣裳。十月获稻，并酿制明春给贵人上寿的酒。农夫们把禾稼聚拢好，便到贵人家里做工，白天去采茅，晚上绞绳。是月酬神聚饮烹宰羔羊；大家到贵人堂上献酒，欢呼万岁。十一月出猎，寻觅狐狸，为着贵人的皮袍。十二月农夫们会同受军事训练。是月把养肥了的猪献给贵人，又把冰凿下，藏好，预备明年春夏天贵人需用。

《七月》这首歌是贵人用作乐章的，自然要合贵人的口味。诗中的农夫是怎样知足安分地过着牛马生活。但农夫和别的庶民也有不安分的时候，假如贵人太过忽略了他们的苦痛。第一章里已经说过，周朝的第十个王，厉王，就因为久积的暴虐，被民众驱逐出国都，失却王位。和厉王同命运，甚至比他更不幸的封君不断地见于记载。举例如下：前634年，当晋、楚两强交争的时候，卫君因为得罪了晋国想转而亲楚。但卫国离晋较近，亲楚便会时常招惹晋人的讨伐。在这种当儿，首先遭殃的便是人民。他们即使幸而免于战死，免于被俘，他们回到家中，会发现禾稼被敌人割了，树木被砍了，庐舍被毁了，甚至井也被塞了。因此，卫君的亲楚政策是和卫国人民的利益根本冲突的。他们听到了，便大闹起来，把卫君赶到外国去了。同类的事件有前553年蔡国的公子燮因为想背楚亲晋给民众杀了。蔡是邻近楚的。经过这些事件的教训，所以前577年，陈侯当外患紧急时只好把国人召齐来，征求他们的意见，来决定外交政策。因直接残虐人民失去地位或性命的封君，为例更多。前609年，莒君因为“多行无礼于国”被他的太子率领民众杀了。前561年，畿内的原伯，因为详情现在不知的暴行弄到民不聊生，被民众赶走了。前559年，另一位莒君因为喜欢玩剑，每铸成一把剑便拿人民来试，又因为想背叛齐国，被一位大夫率领民众赶走了。前550年，陈国的庆氏据着首都作乱，陈侯率兵来围，庆氏督着民众修城。是时，城是用土筑的，筑时用板夹土。督工的看见一两板倒了，便把旁边的役人杀死。于是役人暴动起来把庆氏的族长通杀了。前484年，陈大夫某，因为陈侯嫁女，替向国人征收特税；征收得太多，用不了，他把剩下的自己铸了一件钟鼎之类的“大器”。后来国人知道，便把他赶走了。他走到半路，口渴，同行的一位族人马上把稻酒、干粮和肉脯献上，他高兴到了不得，问为什么这样现成？答道：大器铸成时已经预备着。

上述厉王以后的民变，全发生在前6世纪当中和附近。这些见于记载的暴动完全是成功的，影响到贵人的地位或生命的，其他失败而不见于记载的恐怕还有不少。这时候民众已渐渐抬头，许多聪明的卿大夫已认识民众的重要，极力施恩于他们，收为己助，以强其宗，以弱公室，甚至以得君位。例如当宋昭公（前619至前611年）昏聩无道的时候，他的庶弟公子鲍却对民众特别讲礼貌。有一回宋国大闹饥荒，他把自己所有的谷子都供给饥民。国中七十岁以上的人他都送给食物，有时是珍异的食物。他长得很美，连他的嫡祖母襄夫人也爱上了他，极力助他施舍。后来襄夫人把昭公谋害了，他便在国人的拥戴中继为宋君。又例如齐国当景公（前547至前490年）的时候，当公室底下的人民以劳力的三分之二归入公室，而仅以三分之一自给衣食的时候，陈氏却用实惠来收买人心。齐国的量器，以四升为豆，四豆为区，四区为釜，十釜为钟。陈家特制一种新量，从升到釜皆以五进，仍以十釜为钟，借谷子给人民的时候，用新量，收还的时候，用旧量。陈家专卖的木材，在山上和在市上一样价，专卖的鱼盐蜃蛤，在海边和在市上一样价。这一来民众自然觉得陈家比公室可爱。后来陈氏毫无阻力地篡夺了齐国。此外如鲁的季氏、郑的罕氏都以同类的手段取得政权。

上文所说参加叛变和被强家利用的民众自然包括各种色的庶人。当中自然大部分是农人，其余当有少数商人和工人。庶人和奴隶的重要差别在前者可以私蓄财物，可以自由迁徙。但农人实际上很少移动，除了当饥荒的时候，虽然在前6世纪时人的记忆中，有“民不迁，农不移”的古礼。这似乎不是绝对的限制，礼到底与法禁有别。

第四节　都邑与商业

人民聚居的地方通称曰邑。邑可分为两大类，有城垣的和没有城垣的。有城垣的邑又可分为三类，一是王都和国都（直至东周时，“国”字还是仅指国都而言）；二是畿内和列国的小封君的首邑；三是平常的城邑。周室的西都镐京自东迁后已成为禾黍油油的废墟，其规模不见于记载。东都洛邑（今洛阳）的城据传说是九里（一千六百二十丈）见方，其面积为八十一方里，约当现在北平城之百分之二十一点七（北平城面积是今度一百九十四方里，周一里当今零点七二一五里，一方里当今零点五二零五六方里）。城的外郭据传说是二十七里（四千八百六十丈）见方，其所包的面积差不多是现在北平城的两倍。列国的都城，连外郭计，以九百丈（五里）见方的为平常，其面积约为今北平城的十五分之一。一直到前3世纪初，一千丈见方的城还算是不小的。但春秋末年勃兴的吴国，其所造的都城却特别大。据后汉人的记载，那箕形的大城，周围约为今度二十四里，其外郭周围约为今度五十里（今北平城周约五十四里）。卿大夫首邑的城照例比国都小，有小至五百丈至一百丈左右见方的，那简直和堡寨差不多了。这些小城的基址似乎到唐、宋时还有存在。唐人封演记当时“汤阴县北有古城，周围可三百步，其中平实。此东，顿邱、临黄诸县多有古小城，周一里或一二百步，其中皆实”。又宋人陈师道记：“齐之龙山镇有平陆故城高五丈，四方五里，附城有走马台而高半之，阔五之一，上下如一。”此二人所记很像是周人的遗迹。

王城和列国都城的人口不详。但我们知道春秋时大夫的封邑在一千户上下的已算很大的了。平常国都的人口就算比这多十倍也不过一万户。我们从前686年内蛇与外蛇斗于郑都南门中的故事，可知当时的国都绝不是人烟稠密的地方。前660年，比较细小的卫国都城被狄人攻破后，它的遗民只有男女七百三十人，加上共、滕两邑的人口，通共也只有五千人。

我们试看列国都城在地图上的分布很容易发现它们的一个共同点；它们都邻近河流；以现在所知，几无例外。一部分固然因为交通的便利，一部分也因为河谷的土壤比较肥沃，粮食供给比较可靠。城的作用在保卫，贵人的生命和财富和祖先神主的保卫。国都的主要居住者为国君的家庭和他的卫士、“百工”；在朝中做官的卿大夫和他们的卫士。大多数国家的朝廷，像王室的一般，内中主要的官吏有掌军政的司马，掌司法和警察的司寇，掌赋税和徭役的司徒和掌工务（如城垣、道路、宗庙的修筑）的司空。国都里的重要建筑，有国君的宫殿、台榭、苑囿、仓廪、府库、诸祖庙、祀土神的社，祀谷神的稷，卿大夫的邸第和给外国的使臣居住的客馆。这些建筑在城的中央，外面环着民家和墟市。墟市多半在近郭门的大道旁。郭门外有护城的小池或小河，上面的桥大约是随时可以移动的。城郭的入口有可以升降的悬门。城门时常有人把守，夜间关闭，守门的“击柝”通宵。货物通过城门要纳税，这是国君的一笔大收入。

都邑也是商业的中心。至迟在春秋下半期，一些通都里已可以看见“金玉其车，文错其服”的富商。他们得到阔大夫所不能得到的珍宝，他们输纳小诸侯所能输纳的贿赂。他们有时居然闯入贵族所包办的政治舞台。旧史保存着两个这样的例子：（1）前 597 年，晋军大将知罃在战场被楚人俘了。一位郑国的商人，在楚国做买卖的，要把他藏在丝绵中间，偷偷地运走。这计策已定好，还没实行，楚国已把知罃放还。后来那位商人去到晋国，知罃待他只当是他救了自己一般。那商人谦逊不遑，往齐国去了。（2）前 627 年，秦人潜师袭郑，行到王城和郑商人弦高相遇。弦高探得他们的来意，便一方面假托郑君的名义，拿四张熟牛皮和十二只牛去犒师，一方面派人向郑国告警，秦人以为郑国已经知道防备，只好把袭郑的计划取消了。这两个故事中的商人都是郑人。如故事所示，郑商人的贸易范围至少西北到了王城和晋国，东到了齐国，南到了楚国，郑国最早的商人本是镐京的商遗民，当郑桓公始受封的时候，跟他们一同来到封地，帮他们斩芟蓬蒿藜藿，开辟土地。郑君和他们立过这样盟誓："尔无我叛，我无强贾，毋或匄夺。尔有利市宝贿，我勿与知。"郑当交通的中心，自东迁时便有了一群富于经验的商人，他们又有了特定的保障，故此郑国的商业特别发达。但这时期商人所贩卖的大部分只是丝麻布帛和五谷等农产品，加上些家庭的工艺品。以佣力或奴隶支持的工业还没有出现。

周人的货币，除贝以外还有铜。西周彝器铭文中每有"作宝尊彝，用贝十朋又四朋"一类的记录。也有罚罪取"金"（即铜）若干寽（字亦作锊）的记录。传说周景王（前 544 至前 521 年）已开始铸大钱。但贝和"金"似乎到春秋时还不曾大宗地、普遍地作货币用，一直到春秋下半期，国际间所输大宗或小宗的贿赂还是用田土、车马、币帛、彝器或玉器，而不闻用贝或用"金"，钱更不用说了。

第五节　家庭

庶人的家庭状况自然不会被贵人身边的史官注意到，因此现在也无可讲述。只是这时代的民歌泄露一些婚姻制度的消息：

伐柯如之何？匪斧不克。取妻如之何？匪媒不得。艺麻如之何？纵横其亩。取妻如之何？必告父母。

少年男女直接决定自己的终身大事的自由在这时代已经被剥夺了。在樊笼中的少女只得央告她的情人：

将仲子兮！无逾我里！无折我树杞！岂敢爱之？畏我父母！

甚至在悲愤中嚷着：

之死矢靡它！母也天只！不谅人只！

这种婚姻制度的背景应当是男女在社会上的隔离。诗人只管歌咏着城隅桑间的密会幽期，野外水边的软语雅谑，男女间的堤防至少在贵族社会当中已高高地筑起了。说一件故事为例：前506年，吴人攻入楚国都城的时候，楚王带着两个妹妹出走，半路遇盗，险些送了性命。幸运落在他的一个从臣钟建身上，他把王妹季芈救出，背起来跟着楚王一路跑。后来楚王复国，要替季芈找丈夫，她谢绝，说道：处女是亲近男子不得的，钟建已背过我了。楚王会意，便把她嫁给钟建；并且授钟建以“乐尹”的官，大约因为他是一个音乐家。

周初始有同姓不婚的礼制，但东周的贵族还没有普遍遵行，庶民遵行的程度，今不可知。

贵族家庭中的一种普遍现象是多妻。至少在周王和诸侯的婚姻里有这样的一种奇异制度：一个未来的王后或国君夫人出嫁的时候，她的姊妹甚至侄女都要有些跟了去给新郎做姬妾，同时跟去的婢女还不少，这些迟早也是有机会去沾新主人的雨露的。陪嫁的妾婢都叫作媵。更可异的，一个国君嫁女，同姓或友好的国君依礼，要送些本宗的女子去做媵。在前550年，齐国就利用这种机会把晋国的一位叛臣当做媵女的仆隶送到晋国去，兴起内乱，上文提及的斐豹的解放就是这次变乱中的事。

媵女而外，王侯还随时可以把别的心爱的女子收在宫中。他们的姬妾之多也就可想而知。多妻家庭里最容易发生骨肉相残的事件，在春秋时代真是史不绝书。举一例如下：卫宣公（前718至前700年）和他的庶母夷姜私通，生了急子。后来急子长大，宣公给他在齐国娶了一个媳妇来，看见是很美，便收为己用，叫作宣姜。子通庶母，父夺子妻，在春秋时代并不是稀奇的事。这时代男女礼防之严和男女风纪之乱，恰成对照。宣公收了宣姜后，夷姜气愤不过，上吊死了。宣姜生了两个儿子，寿和朔。宣姜和朔在宣公面前倾陷急子，这自然是很容易成功的。宣公于是派急子出使到齐国去，同时买通一些强盗要在半路暗杀他。寿子知道这秘密，跑去告诉急子，劝他逃走。他要全孝道，执意不肯。当他起程的时候，寿子给他饯行，把他灌醉了；便取了他的旗，插在船上先行，半路被强盗杀了。急子醒来，赶上前去，对强盗说：卫君要杀的是我，干寿子甚事？他们不客气地又把他杀了。

第六节　士

有两种事情打破封建社会的沉寂，那就是祭祀和战争。所谓“国之大事，在祀与戎”。二者同是被认为关系国家的生存的。先说战争。

周室的分封本来是一种武装殖民的事业。所有周朝新建的国家大都是以少数外来的贵族（包括国君、公子、公孙、卿大夫及其子孙）立在多数土著的被征服者之上。这些贵族的领主地位要靠坚强的武力来维持。而直至春秋时代，所有诸夏的国家若不是与戎狄蛮夷杂错而居，便是与这些外族相当的接近，致时有受其侵袭的危险。再者至迟入东周以后，国际间的武装冲突和侵略战争成了旦暮可遇的事。因为这三种原因，军事成了任何国家的政治的中心，也成了贵族生活的中心。贵族一方面是行政的首脑，一方面也是军事的首脑。农民每年于农隙讲武，每逢国家打仗都受征调的义务。此外有一班受贵族禄养着专门替贵族打仗的人，也就是战场上斗争的主力，那叫作“士”，即武士。

到底每一国的“士”有多少呢？这不能一概而论。据说周朝的制度，王室有六军，大国三军（《齐侯镈钟》：“余命汝政于朕三军”；又“穆和三军”），中国二军，小国一军。周朝行车战，军力以乘计。大约一军有车一千乘，每乘有甲胄之“士”十人。事实自然与制度有出入。例如周室东迁后六十三年，周桓王合陈、蔡、卫的兵还打不过郑国，此时的周室绝不能“张皇六师”。又例如在春秋末叶（约前 562 至前 482 年）头等的

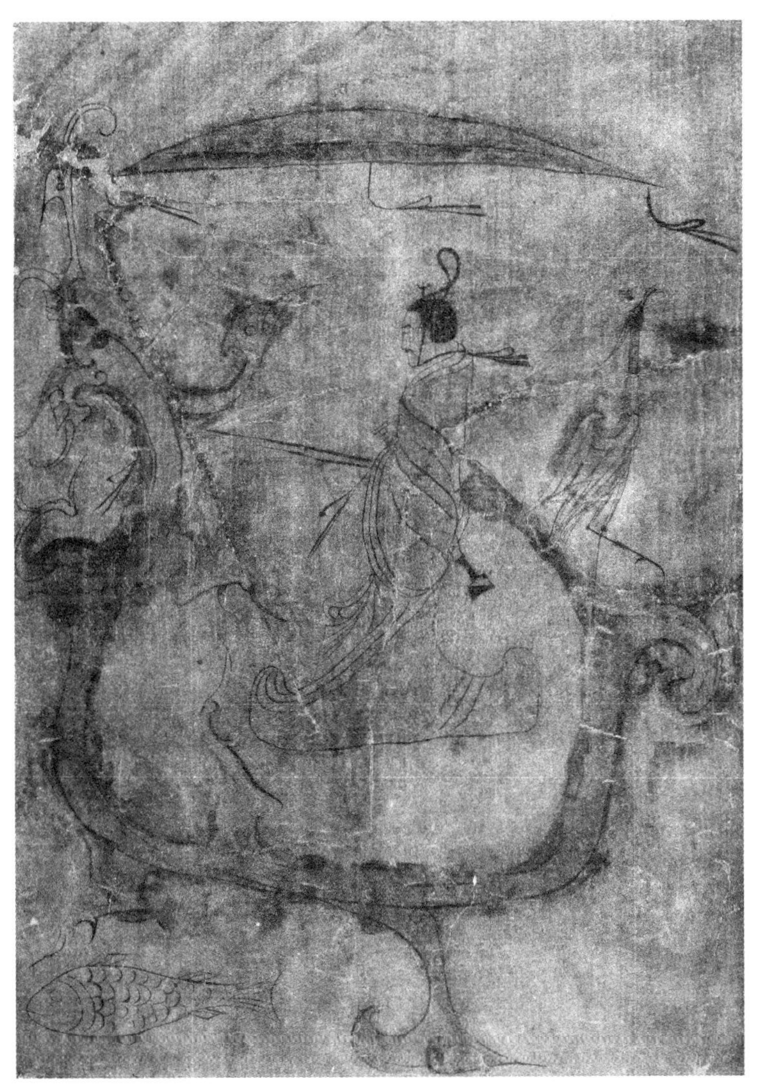

〔战国〕佚名《人物御龙帛画》

大国如晋、秦、楚等其兵力总在四五千乘以上。

士字原初指执干（盾）、戈、佩弓、矢的武士，其后却渐渐变成专指读书、议论的文人。为什么同一个字其先后的意义恰恰对极地相反？懂得此中的原因，便懂得春秋以前和以后的社会一大差别。在前一个时代，所谓教育就是武士的教育，而且唯有武士是最受教育的人；在后一个时代，所谓教育就是文士的教育，而且唯有文士是最受教育的人。士字始终是指特别受教育的人，但因为教育的内容改变，它的涵义也就改变了。

“士”的主要训练是裸着臂腿习射御干戈。此外他的学科有舞乐和礼仪。音乐对于他们并不是等闲的玩艺，“士无故不彻琴瑟”。而且较射和会舞都有音乐相伴。“士”的生活可以说是浸润在音乐的空气中的。乐曲的歌词，即所谓“诗”。诗的记诵，大约是武士的唯一的文字教育。这些诗，到了春秋末叶积有三百多篇，即现存的《诗经》。内中有的是祭祀用的颂神歌，有的是诗人抒情的作品，大部分却是各国流行的民歌。较射和会舞都是兼有娱乐、交际、德育和体育作用的。较射是很隆重的典礼，由周王或国君召集卿大夫举行的叫作大射，由大夫士约集宾客举行的叫作乡射。较射的前后奏乐称觞。预射的人揖让而升，揖让而下。这是孔子所赞为“君子之争”的。会舞多半是在祭祀和宴享的时候举行（不像西方的习俗，其中没有女子参加的）。舞时协以种种的乐曲，视乎集会的性质而异。这时期中著名的乐曲，如相传为舜作的“韶”，相传为禹作的“大夏”和武王所作的“大武”等，都是舞曲。大武的舞姿，现在犹可仿佛一二，全部分为六节，每一节谓之一成。第一成象“北出”，舞者“总干（持盾）山立”；第二成象“灭商”，舞容是“发扬蹈厉”；第三成象南向出师；第四成象奠定南国；

第五成象周公召公左右分治（周初曾把王畿分为两部，自陕而东周公主之，自陕而西召公主之，陕西省之得名由此），舞者分夹而进；第六成象军队集合登高，最后舞者同时坐下。六成各有相配的歌词，皆存于《诗经》中，兹引录如下。

一成	昊天有成命，二后受之。成王不敢康，夙夜基命宥密。於缉熙，单厥心，肆其靖之。
二成	于皇武王，无竞维烈。允文文王，克开厥后。嗣武受之，胜殷遏刘，耆定尔功。
三成	于铄王师，遵养时晦。时纯熙矣，是用大介。我龙受之，跻跻王之造，载用有嗣，实维尔公允师。
四成	绥万邦，屡丰年，天命匪懈。桓桓武王，保有厥土。于以四方，克定厥家。于昭于天，皇以闲之。
五成	文王既勤止，我应受之。敷时绎思，我徂维求定。时周之命，于绎思。
六成	于皇时周，陟其高山。隋山乔岳，允犹翕河。敷天之下，裒时之对，时周之命。

六成不必全用，第二成单行叫作武，第三成叫作勺，第四、五、六成各叫作象，幼童学舞，初习勺，次习象。大武是周代的国乐，是创业的纪念，垂教的典型，武威的象征，其壮烈盖非韶、夏可比。舞者必有所执，在大武中舞者执干戈，此外或执雉羽，或鹭羽，或斧钺，或弓矢。执羽的舞叫作“万”，这种舞，加上讲究的姿势和伴奏，一定是很迷人的，可以一段故事为证。楚文王（前 689 至前 677 年）死后，遗下一个美丽的夫人，公子元想勾引她，却没门径，于是在她的宫室旁边，起了一所别馆，天天在那里举行万舞，希望把她引诱出来。她却

哭道："先君举行万舞原是为修武备的，现在令尹（楚国执政官名，公子元所居之职）不拿它来对付敌人，却拿它用在未亡人的身边，那可奇了！"公子元听了，羞惭无地，马上带了六百乘车去打郑国。

理想的武士不仅有技，并且能忠。把荣誉看得重过安全，把责任看得重过生命，知危不避，临难不惊；甚至以藐然之身与揭地掀天的命运相抵拒。这种悲剧的、壮伟的精神，古代的武士是有的，虽然他们所效忠的多半是一姓一人。举两例如下：（1）前684年，鲁国和宋国交战，县贲父给一个将官御车。他的马忽然惊慌起来，鲁军因而败绩。鲁公也跌落车下，县贲父上前相助。鲁公说道：这是未曾占卜之故（照例打仗前选择御士须经占卜）。县贲父道：别的日子不打败，今日偏打败了，总是我没勇力。说完便冲入阵地战死。后来国人洗马发现那匹马的肉里有一枝流矢。（2）前480年卫国内乱，大臣孔悝被围禁在自己的家中。他的家臣季路（孔子的一位弟子）听到这消息，便单身匹马地跑去救应，半路遇着一位僚友劝他不必。他说，既然食着人家的饭，就得救人家的祸。到了孔家，门已关闭，他嚷着要放火。里头放出两位力士来和他斗，他脑袋上中了一戈，冠缨也断了。他说："君子死，冠不免。"把冠缨结好才死。

王公大夫的子弟至少在原则上都得受武士的教育。王室有"学宫"，王子和他的近侍在内中学射，周王和他的臣工也有时在内中比射；又别有"射卢"，周王在内中习射，作乐舞。公室也当有同类的设备。

武士的地位仅次于大夫。他们虽然没有封邑，却有食田。出战时"士"是穿着甲胄坐在车上的主要战斗力。但他们底下还有许多役徒小卒，这些多半是临时征发农民充当的。

第七节　宗教

周人的神鬼世界我们知道得比殷人的详细些。这其中除了各家的祖先外，有日月星辰的神，他们是主使雪霜风雨合时或不合时的；有山川的神，他们是水旱疠疫的原因；但最重要的，人们生存所赖的，还是土神和谷神。前者关系土壤的肥瘠，后者关系五谷的丰歉。土神叫作社，或后土，谷神叫作稷，或后稷。供奉社稷的地方，也叫作社稷。稷只是谷的一种，而以名谷神，以名“田祖”，这里似乎泄露一件久被遗忘的史实：最初被人工培植的是叫野种的稷。

像封建社会之上有一个天王，主宰百神的有一个上帝。他是很关心人们的道德的，会赏善罚恶。但他也像天王一般，地位虽尊，实权却有限，他和人们的日常生活很少发生关系，人们也用不着为他破费。祀上帝的典礼叫作郊祀。举行郊祀礼的只有周王和鲁君。上帝的由来不知周人曾涉想到否。至于自然界各部分的神祇，在周人的信仰中，多半有原始可稽的。他们多半是由人鬼出身；而且，像封君一般，他们的地位是上帝所封的。例如汾水的神，传说是一位古帝金天氏的儿子，他生时做治水的官，疏通汾、洮二水有功，因而受封。又例如永远不相会面的参、商两个星座，其神的历史是这样的：古帝高辛氏有两个不肖的儿子，他们死了，住在荒林里还是整天打架。上帝看不过，便把大的迁到商丘，做商星的神，把小的迁到大夏，做参星的神。这段神话的历史背景是商人拿商星做定时节的标准星，故此它名为商星。古人在有日历之前，看一座恒星的位置的移动来定时节的早晚，这叫作“观象授时”。被选作目标的恒星叫作辰。

周人的稷神是一位农业的发明者，同时又是本朝的祖先。但到底稷神是周人的创造呢？抑或周室不过搬旧有的稷神做祖先呢？现在不得而知。社神却确是在周代以前已经有的。周人称殷人的社为亳社。至少在鲁国的都城同时有亳社和周社。朝廷的建筑，就在两社之间。大约原初鲁国被统治的民众大部分是殷的遗民，新来的统治者顾忌他们的反感，只好让他们保留原来的宗教，而别立自己的新社，叫作周社。一直到前5世纪初，鲁国大夫尚有盟国君于周社、盟“国人”于亳社的故事。社神的来历现在不得而知了。祀社的地方照例种着一棵大树，据说夏代的社用松，殷代用柏，周代用栗。

从天子到士都有宗庙。天子和封君的庙分两种：合祀众祖的太庙和分祀一祖的专庙。除太祖外，每一祖的专庙，经过若干代之后，便“亲尽”被毁，否则都城之内便有庙满之患了。宗庙、社、稷是每一个都会的三大圣地。它们年中除了临时的祈报外都有定期的供祭。宗庙的供祭尤其频数。其他的神祇则只当被需求的时候，才得到馈赂。但他们可不用愁，这样的机会是很多的。虽然水旱疠疫和风雨失调是比较的不常，虽然众神各有各的领域，但任何神鬼在任何时候，都能给任何人以祸难，尤其是疾病。在这些当儿牺牲和玉帛是不会被人们吝惜的，疾病的原因都推到鬼神。他们的欢心胜过医药，巫祝就是医生。周人事神似乎不像殷人的烦渎，但也和殷人一样认真。祭祀之前主祭的人要离开家庭到庙旁清净的地方斋戒几天；祭某祖的时候要找一个人扮成他的模样来做供奉的具体对象，这叫作“尸”。

祭宗庙社稷的牺牲，虽然也照后世的办法，只给鬼神嗅嗅味道而“祭肉”由预祭的人瓜分，但在其余的祭典中也有时把整只的牛、羊、猪或狗焚化了，埋了或沉在水里给鬼神着实受用的。焚给一切鬼神的布帛，也通是真的而不是纸做的。献给鬼神的玉，不能摆一下就算了，要捶碎了，或抛入河中。但鬼神也像小孩子一般，可以用“尔之许我，我其以璧与珪归俟尔命；不许我，我仍屏璧与珪”一类的话（这是周公对祖先说的话）来试诱的。盛大的祭典是一种壮观，在丹柱刻椽的宗庙里，陈列着传为国宝的鼎彝，趋跄着黼黻皇华的缙绅，舞着羽翰翩跹的万舞，奏着表现民族精神的音乐，排演着繁复到非专家不能记忆的礼仪（周朝始避讳祖先之名，因而王侯有谥，大夫、士有别字）。

诸神中最与民众接近的是社。每年春间有一次社祭的赛会。这时候鼓乐歌舞、优伎、酒肉和乡下的俏姑娘引诱得举国若狂。在齐国，也许因为民庶物丰，礼教的束缚又较轻，社祭特别使人迷恋，连轻易不出都城的鲁君有时也忍不住要去看看。每逢打仗之前，全军要祭一回社，祭毕把祭肉和酒分给兵士，叫作受脤。衅鼓就在这时候举行。这以壮军威的饷宴，这拼命之前的酗醉，这震地的喧嚣，是全国紧张的开始。得胜回来的军队要到社前献俘，有时并且把高贵的俘虏当场宰了用作祭品。此外遇着水灾和日蚀，则在社前击鼓抢救，同时用币或献牲；火灾之后，也要祭社，以除凶气。遇着讼狱中两造的证据不能确定，也可以令他们到社里奉牲发誓，而等候将来的奇迹。

除了上说列在祀典的鬼神而外，还偶然会有陌生的精灵，或是神话上的英雄，或是被遗弃的旧鬼新鬼，或是来历不明的妖魅，降附在巫觋（巫是女的，觋是男的）身上。巫觋是神灵所钟爱的。他们能和降附的神灵说话，因此人们若有求于这些神灵得先求他们。王侯大夫都有供奉巫神的。被人驱逐去位的周厉王有使卫巫监谤的故事，春秋时代的第一个鲁君隐公就是一位佞巫者。他未即位之前曾做过郑国的俘虏，被囚在尹氏家中。这家有一个著名灵验的钟巫。他串通尹氏私去祈祷。后来郑人把他放归，他便把钟巫都带到鲁国来。他被他的兄弟派人暗杀，就在他出外斋宿预备祭钟巫的时候。

巫觋是某些鬼神的喉舌，所以能直接知道这些鬼神的意旨和未来的吉凶。但其余的人，要知道鬼神的意旨和未来的吉凶，除问巫觋外，只有凭间接的占测方法。周代的占测方法，除了沿袭自商代的龟卜（兽骨卜在周代似已不通行）外，还有周人所发明（约在商末周初）的筮。要说明筮法，得先说明筮时所用的一部书，即《周易》。这部书包含六十四个符号和他们的解释。这些符号叫作卦。每一卦有六层即所谓六爻。每一层是一横画，或一横画中断为二，前者可说是奇的，后者可说是偶的。卦各有专名，例如六爻皆奇的（䷀）名为乾，六爻皆偶的（䷁）名为坤，六爻中第二五爻为偶（从底数起）余皆为奇的（䷝）名为离。每卦的解释分两种，解释全卦的叫作卦辞，解释各爻的叫作爻辞。筮的时候取五十茎蓍草，加以撮弄（有一定方法，这里从略）以得到某一卦，再加以撮弄，看这一卦中哪些爻有“变”；例如筮得乾卦而第二五爻有变则为“遇乾之离”。筮者应用卦辞及变爻的爻辞而作预言。至于怎样应用法，那就有点“神而明之存乎其人”了。卦爻辞包涵许多关于人事的教训，有些是很深刻的；例如说“无平不陂，无往不复”。那是说明“物极必反”，教人不要趋极端的。

巫觋的神通只限于降附他们的神灵的势力范围，他们并不掌管宗庙社稷等有常典的祭祀。他们即使被王侯供养的，也不是正常的职官。

王侯的朝廷中管理和鬼神打交涉的正常职官有诸祝、宗、卜、史。祝的主要任务在代表祭者向鬼神致辞，因此他特别要知道鬼神的历史和性情。宗是管理宗庙的司祭祀的程度，祭坛的布置，祭品的选择、保存等等。卜是掌卜筮的，但有些国家于卜之外别置筮官。史的主职在掌管文书，记录大事，占察天象，但也兼理卜筮和祭祀的事。这四种职官的首长，在王朝分别名太祝、太宗、卜正、太史；在列国大抵如之；唯楚国名卜长为卜尹，又有左史右史而似乎无太史。祝、宗、卜、史等长官的地位史无明文，但我们从下面两件故事，可以推想。楚平王（前528至前517年）即位之初曾把他所尊敬的敌人观起叫来，要给他官做，说唯汝所欲。因为他的先人曾掌卜，便使他做卜尹。可见卜长的地位是很高的。卫献公（前576至前559年）出奔归国，要颁邑给从臣而后入。从臣有太史柳庄者，恐其偏赏私近致失人心，力加谏阻。献公从之，以为他是社稷之臣，等他临死之时，终于给他田邑，并写明“世世万（万世）子孙毋变”的约言放在他的棺中。可见太史得世有田邑，宗长、祝长等当亦如之。至于低级的祝、宗、卜、史等官则皆有食田，而且有时多至值得王室或世室抢夺的食田。但拥有强力的大夫很少出身于祝、宗、卜、史或同时充任着这些官职的。

这时候的国家大事，上文已说过，不外打仗和祭祀。而打仗之前，照例要“受命于（宗）庙，受脤于社”，照例要来一番卜筮。故此没一次国家大事没有上说的四种专家参与。他们又是世业的，承受着愈积愈丰的传说。因此他们都是多识前言往行的。史官因为职在典藏与记载，尤熟于掌故和掌故所给人的教训，他们成为王侯时常探索的智囊。周初有一位史佚，著过一部书，后人称为《史佚之志》的。这大约是夹着论断的历史记载。春秋时有知识的人常常称引这书，可惜后来佚了，但至今还保存着其中的一些名句，如“动莫若敬，居莫若险，德莫若让，事莫若咨”。

第八节　卿大夫

封君当中，不用说以大夫占多数。他们是地主而兼统治者的阶级的主体。虽然各国在任何时期的氏室总数，无可稽考；但我们知道，在鲁国单是出自桓公的氏室已有三桓，在郑国单是出自穆公的氏室已有七穆，宋国在前609年左右至少有十二氏，晋国的一小部分在前537年左右已有十一个氏室。

氏室的领地，或以邑计，或以县计。言邑自然包括其附近的田土。县本来是田土的一种单位，但言县也自然包括其中的都邑。

一个氏室的封邑有多少？这不能一概而论。前546年，卫君拿六十邑赏给一位大夫，他辞却，说道：“唯卿备百邑，臣六十邑矣。”这恐怕只能代表小国的情形。我们知道，在齐国，管仲曾“夺伯氏骈邑三百”；又现存一个春秋以前的齐国铜器（《子仲姜宝镈》），上面的刻辞记着齐侯以二百九十九邑为赏。

县的名称一直沿到现在。在春秋时似乎还只秦、晋、齐、楚等国有之。最初秦、楚两强以新灭的小国或新占领的地方为县，直属于国君，由他派官去治理。这种官吏在楚国叫作县公或县尹。他们在县里只替国君征收赋税，判断讼狱。他们即使有封邑，也在所治县之外。这种制度是后世郡县制度的萌芽。秦在前 687 年灭邽、冀戎，以其地为县，次年以杜、郑为县。楚国在前 597 年左右，至少已设有九县，每一县即旧时为一小国。晋、齐的县制较后起，它们的县不尽是取自它国的土地，也不尽属于公室。晋国在前 537 年左右有四十九县，其中九县有十一个氏室；直属公室的县各设县大夫去管，如楚国的县尹。前 514 年，晋灭祁氏和羊舌氏，把他们的田邑没归公室；分祁氏的田为七县，羊舌氏的田为三县，各置县大夫。在晋国，县肥于郡。前 493 年，晋国伐郑，军中曾出过这样的赏格："克敌者，上大夫受县，下大夫受郡，士田十田（下田字原作万，盖误），庶人工商遂（得仕进），人臣隶圉免（免奴籍）。"齐国在春秋时有县的唯一证据乃在灵公时代一件遗器（《齐侯镈钟》）的铭文，内记灵公以三百县的土地为赏。显然齐国的县比晋、楚等国的县小得多。

县郡的区分在春秋时代还不普遍。在没有县郡的国里，公室和较大的氏室都给所属的邑设宰。邑宰的性质和县尹县大夫相同，不过邑宰所管辖的范围较小罢了。

上文有点离开叙述的干路，让我们回到列国的氏室，它们的土地原初都是受自国君。国君名义上依旧是这些土地的主人。虽然氏室属下的人民只对氏室负租税和力役的义务，氏室对于国君年中却有定额的"贡"赋，所以有"公食贡"的话。国君或执政者可以增加贡额。举一例如下：鲁国著名圣哲臧武仲有一次奉使去晋国（前 551 年），半路下雨，到一位大夫家里暂避。那位大夫正要喝酒，看见他来，说道："圣人有什么用？我喝喝酒就够了！下雨天还要出行，做什么圣人！"这话给一位执政者听到了，以为那位大夫自己不能出使，却傲慢使人，是国家的大蠹，下令把他的贡赋加倍，以作惩罚。

大夫可以自由处分自己的土地。至少有些阔大夫把食邑的一部分拨给一个庶子，另立一个世家，叫作“侧室”或“贰宗”。别的被大夫宠幸的人也可受他赏邑或求他赏邑。例如前500年，宋公子地拿自己食邑的十一分之五赏给一个嬖人。又前486年，郑大夫某的嬖人某向他求邑，他没得给，许他往别的国里取，因此郑军围宋雍丘，结果全军覆没。大夫也可以受异国君主的赐邑，例如前656年，齐桓公会诸侯伐楚，师还，一位郑大夫献计改道，为桓公所喜，赐以郑的虎牢；又例如前657年，鲁大夫某出使晋国，晋人要联络他，给他田邑，他不受；又例如前654年晋会诸侯灭逼阳国，以与向戌，向戌也辞却。大夫又有挟其食邑，投奔外国的，例如前547年齐大夫某以廪丘奔晋，前541年，莒大夫某以大厖及常仪奔鲁，前511年邾大夫某以滥奔鲁。

大夫私属的官吏，除邑宰外，以现在所知，有总管家务的家宰，这相当于王室和公室的太宰；有祝、有史、有管商业的贾正，有掌兵的司马。这些官吏都受大夫禄养。家宰在职时有食邑，去职则把邑还给大夫，或交给继任的人。氏室的官吏有其特殊的道德意识：“家臣不敢知国”“家臣而张公室罪莫大焉”。

氏室和公室的兵力比较，没有一个时代可以详考。现在所知者：春秋初年郑庄公消灭国内最强的氏室，用车不过二百乘。当春秋中叶，在鲁、卫等国，“百乘之家”已算是不小的了。但大国的巨室，其兵力有时足与另一大国开战。例如前592年，晋郤克奉使齐国，受了妇人在帷后窥视窃笑的侮辱，归来请晋侯伐齐，不许，便请以私属出征。而郤克的族侄则却至“富半公室，家半三军”。鲁国的季氏从四分公室而取其二以后，私属的甲士已在七千以上。

具有土地、人民和军队的氏室和公室名分上虽有尊卑之殊，事实上每成为对峙的势力。强横的氏室俨然一个自主的国。原则上国君的特权在（1）代表全国主祭；（2）受国内各氏室的贡赋；（3）出征时指挥全国的军队；（4）予夺封爵和任免朝廷的官吏。但至迟入东周后，在多数的国家如齐、鲁、晋、宋、卫、郑等，末两种权柄渐渐落在强大的氏室手中，甚至国君的废立也由大夫操纵。

第九节　封建组织的崩溃

我们对于商朝的政治组织，所知甚少，所以无法拿商、周两朝的政治组织作详细的比较。但其间有一重大的差异点是可以确知的。商朝创建之初并没有把王子分封于外，以建立诸侯国。商朝王位的继承，是以兄终弟及（不分嫡庶）为原则的。但到了无弟可传的时候，并不是由所有的伯叔兄弟以次继承（由末弟诸子抑或由其先兄诸子以次继承亦无一定）。在这种情形之下，第二世以后的王子总有许多不得为王的。这些不得为王的王子是否有的被封在外建国？这问题无法确答。但周朝的旧国当中，从没听说是商朝后裔的。而唯一奉殷祀的宋国，却是周人所建。可知王子分封的事在商朝若不是绝无，亦稀有。但在周朝，则不然了；王位是以嫡长子继承的；王的庶子，除在少数例外的情形之下（如王后无出，或嫡长子前死），都没有为王的资格；所以文王、武王的庶子都受封建国，其后周王的庶子在可能的限度内也都或被封在畿外建国，或被封在畿内立家。这商、周间的一大差异有两种重大的结果。第一，因为王族的向外分封，周朝王族的地盘，比之商朝大大地扩张了。王室的势力，至少在开国初年大大地加强了；同时王的地位也大大地提高了。周王正式的名号是“天王”，通俗的称号是“天子”，那就是说，上帝在人间的代表。第二，王族的向外分封也就是周人的向外移殖，这促进民族间的同化，也就助成“诸夏”范围的拓展。

嫡长继承制把王庶子的后裔逐渐推向社会的下层去，而助成平民（即所谓庶人）地位的提高。周王的庶子也许就都有机会去做畿外的诸侯或畿内的小封君；他的庶子的庶子也许还都有机会做畿内的封君；但他的庶子的庶子的庶子则不必然了。越往下去，他的后裔胙土受封的机会越小，而终有侪于平民的。所以至迟在前 7 世纪的末年畿内原邑的人民，便会以“夫谁非王之姻亲”自夸。随着贵族后裔投入平民阶级里，本来贵族所专有的教育和知识也渐渐渗入民间。

周朝诸侯和大夫的传世也是用嫡长继承制（以现在所知诸侯位之传袭曾不依此例者有吴、越、秦、楚。楚初行少子承袭制，至前 630 年以后，始改用嫡长承袭制；秦行兄终弟及制，至前 620 年以后始改用嫡长承袭制；吴亡于前 473 年，其前半世纪还行兄终弟及制）。在嫡长继承制下，卿大夫的亲属的贵族地位最难长久维持。大夫的诸儿子当中只有一个继承他的爵位，其余的也许有一个被立为“贰宗”或“侧室”，也许有一两个被国君赏拔而成为大夫；但就久远而论，这两种机会是不多的。一个“多男子”的大夫总有些儿子得不到封邑，他的孙曾更不用说了。这些卿大夫的旁支后裔当中，和氏室的嫡系稍亲的多半做了氏室的官吏或武士，疏远的就做他属下的庶民。故一个大夫和他私家的僚属战士，每每构成一大家族：他出征的时候领着同族出征，他作乱的时候领着整族作乱，他和另一个大夫作对就是两族作对，他出走的时候或者领着整族出走，他失败的时候或者累得整族被灭。

氏室属下的庶民也许就是氏室的宗族，否则也是集族而居的。氏室上面的一层是国君和同姓卿大夫构成的大家族，更上的一层是周王和同姓诸侯构成的大家族。其天子和异姓诸侯间，或异姓诸侯彼此间，则多半有姻戚关系。这整个封建帝国的组织大体上是以家族为经，家族为纬的。

因此这个大帝国的命运也就和一个累世同居的大家庭差不多。设想一个精明强干的始祖督率着几个少子，在艰苦中协力治产，造成一个富足而亲热的、人人羡慕的家庭。等到这些儿子各个娶妻生子之后，他们对于父母，和他们彼此间，就难免形迹稍为疏隔。到了第三代，祖孙叔侄或堂兄弟之间，就会有背后的闲话。家口愈增加，愈良莠不齐。到了第四五代，这大家庭的分子间就会有愁怨、有争夺、有倾轧，他们也许拌起嘴，打起架甚至闹起官司来。至迟在东周的初期，整个帝国里已有与此相类似的情形，充满了这时代的历史的是王室和诸侯间的冲突，诸侯彼此间的冲突，公室和氏室间的冲突，氏室彼此间的冲突。但亲者不失其为亲，宗族或姻戚间的阋争，总容易调停，总留点余地。例如前 705 年，周桓王带兵去打郑国，打个大败，并且被射中了肩膊。有人劝郑庄公正好乘胜追上去，庄公不答应，夜间却派一位大员去慰劳桓王，并且探问伤状。又例如前 634 年，齐君带兵侵入鲁境。鲁君知道不敌，只得派人去犒师，并叫使者预备好一番辞令，希望把齐师说退。齐君见了鲁使问道；鲁人怕吗？答道：小百姓怕了，但上头的人却不怕。问：你们家里空空的，田野上没一根青草，凭什么不怕？鲁使答道：凭着先王的命令。随后他追溯从前鲁国的始祖周公和齐国的始祖姜太公怎样同心协力，辅助成王，成王怎样感谢他们，给他们立过“世世子孙无相害”的盟誓；后来齐桓公怎样复修旧职，纠合诸侯，给他们排解纷争，拯救灾难。最后鲁使作大意如下的陈说：您即位的时候，诸侯都盼望您继续桓公的事业，敝国所以不敢设防，以为难道您继桓公的位才九年，就会改变他的政策吗？这样怎对得住令先君？我们相信你一定不会的，靠着这一点，我们所以不怕。齐君听了这番话，便命退兵。又例如前554年，晋师侵齐，半路听说齐侯死了，便退还。这种顾念旧情、不为已甚的心理加上畏惧名分、虽干犯而不敢过度干犯的矛盾心理，使得周室东迁后三百年间的中国尚不致成为弱肉强食的世界；这两种心理是春秋时代之所以异于后来战国时代的地方。不错，在春秋时代灭国在六十以上，但其中大部分是以夷灭夏和以夏灭夷；诸夏国相灭只占极少数，姬姓国相灭的例尤少。而这少数的例中，晋国做侵略者的占去大半。再看列国的内部，大夫固然有时逐君弑君，却还要找一个比较合法的继承者来做傀儡。许多国的君主的权柄固然是永远落在强大的氏室，但以非公室至亲的大夫而篡夺或僭登君位的事，在前403年晋国的韩、赵、魏三家称侯以前，尚未有所闻。故此我们把这一年作为本章所述的时代的下限。

宗族和姻戚的情谊经过了世代愈多，便愈疏淡，君臣上下的名分，最初靠权力造成，名分背后的权力一消失，名分便成了纸老虎，必被戳穿，它的窟窿愈多，则威严愈减。光靠亲族的情谊和君臣的名分去维持的组织必不能长久。何况姬周帝国之外本来就有不受这两种链索拘束的势力。

第三章　霸国与霸业

第一节　楚的兴起

江水在四川、湖北间被一道长峡约束住；出峡，向东南奔放，泻成汪洋万顷的洞庭湖，然后折向东北；至武昌，汉水来汇。江水和汉水界划着一大片的沃原，这是荆楚民族的根据地。周人虽然在汉水下游的沿岸（大部分在东北岸）零星地建立了一些小国，但他们是绝不能凌迫楚国，而适足以供它蚕食的。在楚的西边，巴（在今巫山至重庆一带）庸（在今湖北竹山县东）等族都是弱小得只能做楚的附庸；在南边，洞庭湖以外是无穷尽的荒林，只等候楚人去开辟；在东边，迄春秋末叶吴国勃兴以前，楚人亦无劲敌。从周初以来，楚国只有侵略别国别族的份，没有惧怕别国别族侵略的份。这种安全是因为江汉流域的土壤肥美，水旱稀少，是时的人口密度又比较低，楚人更有一种北方所仰羡不及的经济的安全。

这两种的安全使得楚人的生活充满了优游闲适的空气，和

傅抱石《湘君湘夫人》

北人的严肃紧张的态度成为对照。这种差异从他们的神话可以看出。楚国王族的始祖不是胼手胝足的农神，而是飞扬缥缈的火神；楚人想象中的河神不是治水平土的工程师，而是含睇宜笑的美女。楚人神话里，没有人面虎爪、遍身白毛、手执斧钺的蓐收（上帝的刑神），而有披着荷衣、系着蕙带、张着孔雀盖和翡翠旍的司命（主持命运的神）。适宜于楚国的神祇不是牛羊犬豕的膻腥，而是蕙肴兰藉和桂酒椒浆的芳烈；不是苍髯皓首的祝史，而是采衣姣服的巫女。再从文学上看，后来战国时楚人所作的《楚辞》也以委婉的音节，缠绵的情绪，缤纷的辞藻而别于朴素、质直、单调的《诗》三百篇。

楚国的语言和诸夏相差很远。例如楚人叫哺乳作谷，叫虎作於菟。直至战国时北方人还说楚人为“南蛮鴂舌之人”。但至迟在西周时楚人已使用诸夏的文字。现存有一个周宣王时代的楚钟（《夜雨楚公钟》），其铭刻的文字文体均与宗周金文一致。这时楚国的文化盖已与周人相距不远了。后来的《楚辞》也大体上是用诸夏的文言写的。

第一章里已提及，传说周成王时，楚君熊绎曾受周封。是时楚都于丹阳，在今湖北秭归之东。至昭王时，楚已与周为敌。周昭王曾屡次伐楚，有一次在汉水之滨全军覆没。后来他南巡不返，传说是给楚人害死的，周人也无可奈何。周夷王时，熊渠崛起，东向拓地至于鄂，即今武昌境。渠子红继位，即都于鄂，以后六传至熊咢不改。上文提到的楚钟即熊咢的遗器，发现于武昌与嘉鱼之间的。熊咢与宣王同时而稍后。当宣王之世，周楚曾起兵争，而楚锋大挫。故是时的周人遗诗有“蠢尔荆蛮，大邦为雠。方叔元老，克壮其猷”之语。咢四传为武王，其间楚国内变频仍，似无暇于外竞。武王即位于周平王三十一年，从他以后，楚国的历史转入一新阶段，亦从他以后楚国的历史才有比较详细的记录。他三次侵随；合巴师围鄾、伐郧、伐绞、伐罗，无役不胜。又灭掉权国。他的嗣子文王始都于郢（即今湖北江陵）。在文王以前，楚已把汉水沿岸的诸姬姓国家剪灭殆尽。文王更把屏藩中原的三大重镇，申国、邓国和息国灭掉（息、邓皆河南今县，申即南阳），奠定了楚国经略中原的基础。中原的中枢是郑国。自从武王末年，郑人对楚已惴惴不安。文王的侵略的兵锋终于刺入郑国，但他没有得志于郑而死。他死后二十年间楚国再接再厉地四次伐郑。但这时齐国已兴起做它北进的第一个敌手了。

第二节　齐的兴起（附宋）

齐国原初的境土占今山东省的北部，南边以泰山山脉与鲁为界，东边除去胶东半岛。这半岛在商代已为半开化的莱夷的领域。太公初来，定都营丘（后名临淄，今仍之）的时候，莱夷就给他一个迎头痛击。此后莱夷和齐国的斗争不时续起，直到前567年齐人灭莱为止。灭莱是齐国史中一大事。不独此后齐国去了一方的边患，不独此后它的境土增加了原有的一半以上，而且此后它才成为真正的海国。以前它的海疆只有莱州湾的一半而已。

但远在灭莱之前，当春秋的开始，齐已强大。前706年，郑太子忽带兵助齐抵御北戎有功，齐侯要把女儿文姜嫁给他，他便以“齐大非吾偶”的理由谢绝。原来文姜和她的大哥即后日的齐襄公，有些暧昧的关系。她终于嫁了鲁桓公。有一次桓公跟她回娘家，居然看破并且说破了襄公与她之间的隐情。襄公老羞成怒，便命一个力士把桓公杀了。讲究周礼的鲁人，在齐国的积威之下，只能哀求襄公把罪名加给那奉命的凶手拿来杀了，聊以遮羞。这时齐国的强横可以想见。此事发生后四年（前690年）襄公灭纪（在今山东寿光南，为周初所封与齐同姓国）。这是齐国兼并小国之始。襄公后来被公子无知所弑，无知僭位后，又被弑，齐国大乱。襄公有二弟：长的名纠，由管仲和召忽辅佐着；次的名小白，由鲍叔牙辅佐着。襄公即位，鲍叔看他的行为太不像样，知道国内迟早要闹乱子，便领着小白投奔莒国。乱起，管仲也领着公子纠逃往鲁国，纠的母亲原是鲁女。无知死后，鲁君便派兵护送公子纠回国，要扶立他。齐、鲁之间，本来没有好感，齐人对于鲁君的盛意十分怀疑，派兵挡驾。同时齐的巨室国、高二氏暗中差人去迎接小白。鲁君也虑及小白捷足先归，早就命管仲带兵截住莒、齐间的道路。小白后到，管仲瞄准他的心窝，一箭射去，正中目标，眼见他应弦仆倒。小白的死讯传到鲁国后，护送公子纠的军队在庆祝声中，越行越慢，及到齐境，则齐国已经有了新君，就是小白！原来管仲仅射中他的带钩，他灵机一动，装死躺下，安然归国。

小白即桓公，他胜利后，立即要求鲁人把公子纠杀了。召忽闻得公子纠死，便以身殉。管仲却依然活着。他同鲍叔本是知友，鲍叔向桓公力荐他。桓公听鲍叔的话，把国政付托给他，称他为“仲父”。此后桓公的事业全是管仲的谋划。桓公怎样灭谭、灭遂、灭项；怎样号召诸侯，开了十多次的冠裳盛会；怎样在尊王的题目下，操纵王室的内政，阻止惠王废置太子，而终于扶太子正位，这些现在都从略。他的救邢、救卫，以阻挡狄人的南侵，给诸夏造一大功德，前面已说过。现在单讲他霸业中的一大项目：南制荆楚。在前659年即当楚文王死后十八年，当齐国正忙着援救邢卫的时候，楚人第三次攻郑。接着两年中，他们又两次攻郑，非迫到它和楚“亲善”不休。郑人此时却依靠着齐国。桓公自然不肯示弱。前657年，他联络妥了在楚国东北边，而可以牵制齐兵的江、黄二国。次年便率领齐、鲁、宋、陈、卫、郑、曹、许的八国军队，首先讨伐附楚的蔡国。蔡人望风溃散。这浩荡的大军，乘胜侵入楚境。楚人竟不敢应战，差人向齐军说和。桓公等见楚方无隙可乘，亦将就答应，在召陵（楚境，在今河南郾城东）的地方和楚国立了一个盟约而退。盟约的内容不可考，大约是楚国从郑缩手，承认齐对郑的霸权，但其后不久，周王因为易储的问题，怨恨桓公，怂恿郑国背齐附楚，许以王室和晋国的援助，郑人从之。于是附齐的诸侯伐郑，楚伐许以援郑，因诸侯救许而退。但许君经蔡侯的劝诱和恐吓，终于在蔡侯的引领之下，面缚衔璧，并使大夫穿丧服，士抬棺材，跟随在后，以降于楚。次年齐以大军伐郑，郑人杀其君以求和于齐。其后桓公之终世，郑隶属齐的势力范围。在这期间楚不能得志于北方，转而东向，灭弦（都今湖北蕲水西北），灭黄（都今河南潢川西）。齐人无如之何；继又讨伐附齐的徐戎，败之，齐与诸侯救徐，无功而退。

召陵之盟是桓公霸业的极峰。其后十二三年，管仲和桓公先后去世。管仲的功业在士大夫间留下很深的印象，他死了百余年后，孔子还赞叹着：“微管仲，吾其被发左衽（做戎狄）矣！”到了战国时代，管仲竟成了政治改革的传说的箭垛；许多政治的理论和一切富国强兵的善策、奇策、谬策，都堆在他名下，这些理论和方策的总结构成现存《管子》书的主要部分。

桓公死后，五公子争位，齐国和诸夏同时失了重心。于是宋襄公摆着霸主的架子出场。他首先会合些诸侯，带兵入齐，给它立君定乱。这一着是成功了。接着，他拘执了滕君，威服了曹国，又逼令邾人把鄫君杀了祭社，希望藉此服属与鄫不睦的东夷。接着他要求楚王分给他以领导诸侯霸权，楚王是口头答应了。他便兴高采烈地大会诸侯。就在这会中，楚王的伏兵一起，他从坛坫上的盟主变作阶下之囚徒。接着他的囚车追陪楚君临到宋境。幸而宋国有备，楚王姑且把他放归。从此他很可以放下霸主的架子了，可是不然。自从桓公死后，郑即附楚，郑君并且亲朝于楚。于是襄公伐郑。他的大军和楚的救兵在泓水上相遇。是时楚人涉渡未毕，宋方的大司马劝襄公正好迎击，他说不行。一会，楚人都登陆，却还没整队，大司马又劝他进击，他说，还是不行。等到楚人把阵摆好，他的良心才容许他下进攻令。结果，宋军大败；他伤了腿，后来因此致死。死前他还大发议论道："君子临阵，不在伤上加伤，不捉头发斑白的老者；古人用兵，不靠险阻。寡人虽是亡国之余，怎能向未成列的敌人鸣鼓进攻呢？"桓公死后十年间，卫灭邢；邾灭须句；秦灭芮、梁；楚灭夔。

第三节　晋、楚争霸

桓公的霸业是靠本来强盛的齐国作基础的。当他称霸的时代，晋国和秦国先后又在缔构强国的规模，晋国在准备一个接替桓公的霸主降临，秦国在给未来比霸业更宏大的事业铺路。话分两头，先讲晋国。

晋始封时都于唐（今太原北），在汾水的上游；其后至迟过了三个半世纪，已迁都绛（今翼城县），在汾水的下游。晋人开拓的路径是很明显的。不过迁绛后许久他们还未曾占有汾水流域的全部，当汾水的中游还梗着一个与晋同姓的霍国，当汾水将近入河的地方还碍着一个也与晋同姓的耿国，前 745 年晋君把绛都西南百多里外的曲沃，分给他的兄弟，建立了一个强宗。此后晋国实际分裂为二。曲沃越来越盛，晋国越来越衰，它们间的仇隙也越来越大。这对抗的局面终结于前 679 年曲沃武公灭晋并且拿所得的宝器向周王买取正式的册封。老耄的武公，受封后两年，便一瞑不视，遗下新拼合的大国给他的儿子献公去粘缀、镶补。

献公即位于齐桓公十年（前 676 年），死于桓公三十五年。他二十六年的统治给晋国换一副面目。他重新修筑了绛都的城郭；把武公的一军扩充为二军。他灭霍、灭耿、灭魏、灭虞、灭虢，使晋国的境土不独包括了整个的汾水流域，并且远跖到大河以南。但献公最重要的事业还不止此。却说武公灭晋后，自然把他的公族尽力芟锄，免遗后患。我们可以想象晋国这番复合之后，它的氏室必定灭了许多，但在曲沃一方，自从始封以来，公子公孙们新立的氏室为数也不少。献公即位不久，便设法收拾他们。他第一步挑拨其中较穷的，使与“富子”为仇，然后利用前者去打倒后者。第二步，他让残余的宗子同住一邑，好意地给他们营宫室，筑城郭；最后更好意地派大兵去保卫他们，结果，他们的性命都不保。于是晋国的公族只剩下献公的一些儿子。及献公死，诸子争立。胜利者鉴于前车，也顾不得什么父子之情，把所有长成而没有继位资格的公子都遣派到各外国居住，此后的一长期中，公子居外，沿为定例。在这种制度之下，遇着君死而太子未定，或君死而太子幼弱的当儿，君权自然失落在异姓的卿大夫手里。失落容易，收复却难。这种制度的成立便是日后“六卿专晋”“三家分晋”的预兆。话说回来，献公夷灭群宗后，晋国的力量一时集中在公室；加以他凭借“险而多马”的晋士，整军经武，兼弱攻昧，已积贮了向外争霸的潜能。可惜他晚年沉迷女色，不大振作，又废嫡立庶，酿成身后一场大乱，继他的儿孙又都是下等材料。晋国的霸业还要留待他和狄女所生的公子重耳，就是那在外漂流十九年，周历八国，备尝艰难险阻，到六十多岁才得位的晋文公。

文公即位时，宋襄公已经死了两年。宋人又与楚国“提携”起来，其他郑、鲁、卫、曹、许等国，更不用说了。当初文公漂流过宋时，仁慈的襄公曾送过他二十乘马。文公即位后，对宋国未免有情。宋人又眼见他归国两年间，内结民心，消弭反侧；外联强秦，给王室戡定叛乱，觉得他大可倚靠，便背楚从晋。楚率陈、蔡、郑、许的兵来讨，宋人向晋求救。文公和一班患难相从的文武老臣筹商了以后，便把晋国旧有的二军更扩充为三军，练兵选将，预备“报施救患，取威定霸”。他先向附楚的国曹、卫进攻，占据了他们的都城；把他们的田分给宋国；一面叫宋人赂取齐、秦的救援。虽是著名“刚而无礼”的楚帅子玉，也知道文公是不好惹的，先派人向晋军说和，情愿退出宋境，只要晋军同时也退出曹、卫。文公却一面私许恢复曹、卫，让他们宣告与楚国绝交；一面把楚国的来使拘留。这一来把子玉的怒点着了。于是前 632 年，即齐桓公死后十一年，楚、陈、蔡的联军与晋、宋、齐、秦的联军大战于城濮（卫地）。就在这一战中，楚人北指的兵锋初次被挫，文公成就了凌驾齐桓的威名，晋国肇始他和楚国八十多年乍断乍续的争斗。

这八十多年的国际政治史表面虽很混乱，却有它井然的条

〔南宋〕李唐《晋文公复国图》

理，是一种格局的循环。起先晋楚两强，来一场大战；甲胜，则若干以前附乙的小国自动或被动地转而附甲；乙不肯干休，和它们算账；从了乙，甲又不肯干休，又和它们算账，这种账算来算去，越算越不清，终于两强作直接的总算账，又来一场大战。这可以叫作“晋、楚争霸的公式”。晋、楚争取小国的归附就是争取军事的和经济的势力范围。因为被控制的小国对于所归附的霸国大抵有两种义务：（一）是当它需要时，出定额的兵车助它征伐。此事史无明文，但我们从以下二事可以类推：（1）齐国对鲁国某次所提出的盟约道：“齐师出境而不以甲车三百乘从我者，有如此盟！”（2）其后吴国称霸，鲁对它供应军赋车六百乘，邾三百乘。（二）是以纳贡或纳币的形式对霸国作经济上的供应（贡是定期的进献，币是朝会庆吊的贽礼）。此事史亦无明文，但我们从以下三事可以推知：（1）楚人灭黄的借口是它“不归楚贡”。（2）前 548 年晋执政赵文子令减轻诸侯的币，而加重待诸侯的礼；他就预料兵祸可以从此稍息。（3）前 530 年郑往晋吊丧，带去作贽礼的币

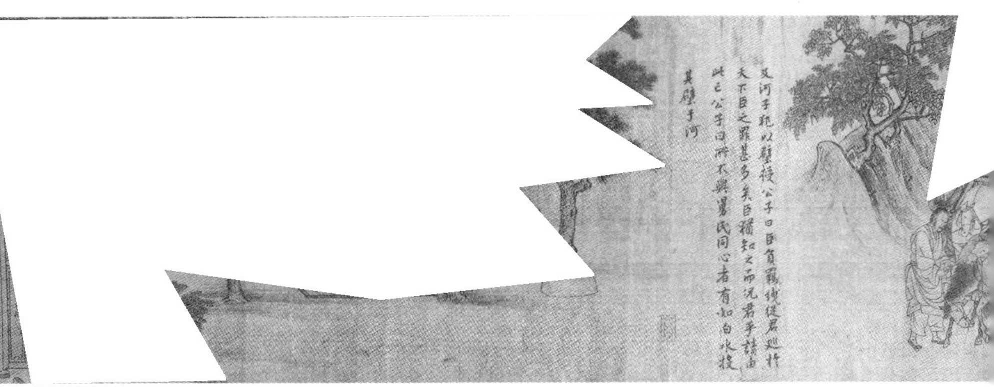

用一百辆车输运，一千人押送。后来使人不得觐见的机会，那一千人的旅费就把带去的币用光！当周室全盛时，诸侯对于天王所尽的义务也不过如上说的两事。可见霸主即是有实无名的小天王，而同时正式的天王却变成有名无实了。

在晋、楚争霸的公式的复演中，战事的频数和剧烈迥非齐桓、宋襄的时代可比，而且与日俱甚。城濮之战后三十五年，晋师救郑，与楚师遇，而有邲（郑地）之战，楚胜；又二十二年，楚师救郑，与晋师遇，而有鄢陵（郑地）之战，晋胜；又十八年，晋伐楚以报楚之侵宋（先是楚侵宋以报晋之取郑），而有湛阪（楚地）之战，晋胜。但这四次的大战只是连绵的兵祸的点逗。在这八十余年间，楚灭江、六、蓼、庸、萧（萧后入于宋）及群舒，晋灭群狄，又灭逼阳以与宋，齐灭莱，秦灭滑（滑后入于晋）；鲁灭邾；莒灭鄫（鄫后入于鲁）。在这期间，郑国为自卫，为霸主的命令，及为侵略而参加的争战在七十二次以上。宋国同项的次数在四十六以上。其他小国可以类推。兵祸的惨酷，可以从两例概见：（1）前 597 年，正当邲战之前，楚人在讨叛的名目下，围攻郑都。被围了十七天后，郑人不支，想求和，龟兆却不赞成；只有集众在太庙哀哭，并且每巷备定一辆车，等候迁徙，这一着却是龟兆所赞成的。当民众在太庙哀哭时，守着城头的兵士也应声大哭。楚人都被哭软了，不禁暂解围。郑人把城修好，楚兵又来，再围了三个月，终于把城攻破，郑君只得袒着身子，牵着一只象征驯服的羊去迎接楚王。（2）过了两年，恶运轮到宋人头上。楚王派人出使齐国，故意令他经过宋国时，不向宋人假道。宋华元说：经过我国而不来假道，就是把我国看作属地，把我国看作属地就是要亡我国；若杀了楚使，楚人必来侵伐，来侵伐也是要亡我国；均之是亡，宁可保全自己的尊严。于是宋杀楚使。果然不久楚国问罪的大军来到宋都城下，晋国答应的救兵只是画饼。九个月的包围弄到城内的居民“易子而食，析骸以炊”；楚人还在城外盖起房舍，表示要久留。但宋人宁可死到净尽，不肯作耻辱的屈服。幸亏华元深夜偷入楚营，乘敌帅子反的不备，挥着利刃，迫得他立誓，把楚军撤退三十里，和宋国议和，这回恶斗才得解决。

像这类悲惨事件所构成的争霸史却怎样了结？难道它就照一定的公式永远循环下去吗？难道人类共有的恻隐心竟不能推使一个有力者，稍作超国界的打算吗？前 579 年，尝透了战争滋味的华元开始作和平运动。这时他同晋、楚的执政者都很要好；由他的极力拉拢，两强订立了下面的盟约：

> 凡晋、楚无相加戎，好恶同之，同恤灾危，备救凶恶。若有害楚，则晋伐之；在晋亦如之。交贽往来，道路无壅。谋其不协，而讨不庭（不来朝的）。有渝此盟，明神殛之；俾队（坠）其师，无克胙国。

这简直兼有现在所谓“互不侵犯条约”和“攻守同盟”了。但这“交浅言深”的盟约，才侥幸保证了三年的和平，楚国便一手把它撕破，向晋方的郑国用兵；次年便发生鄢陵的大战。

争霸的公式再循环了一次之后，和平运动又起。这回的主角向戌也是宋国的名大夫，也和晋、楚的执政者都有交情。但他愿望和福气都比华元大。前 546 年，他在宋都召集了一个十四国的“弭兵”大会。兵要怎样弭法，向戌却是茫然的。这个会也许仅只成就一番趋跄揖让的虚文，若不是楚国的代表令尹子木提出一个踏实的办法：让本未附从晋或楚的国家以后对晋、楚尽同样的义务。用现在的话说，这就是“机会均等”“门户开放”的办法。子木的建议经过两次的小修正后到底被采纳了。第一次的修正是在晋、楚的附从国当中把齐、秦除外，因为这时亲晋的齐和亲楚的秦都不是好惹的。第二次的修正又把邾、滕除外。因为齐要把邾、宋要把滕划入自己的势力范围。四国除外，所以参加盟约的只有楚、晋、宋、鲁、郑、卫、曹、许、陈、蔡十国。

在这次盟会中晋国是大大地让步了，不独它任由楚人自居盟主；不独它任由楚人“衷甲”赴会，没一声抗议；而那盟约的本身就是楚国的胜利，因为拿去交换门户开放的，晋方有郑、卫、曹、宋、鲁五国，而楚方则只有陈、蔡、许三国。但晋国的让步还有更大的。十二年后，楚国又践踏着这盟约，把陈国灭了（五年后又把它复立，至前 478 年终灭之），晋人只装作不知。弭兵之会后不久，晋人索性从争霸场中退出了。晋国的“虎头蛇尾”是有苦衷的。此会之前，晋国已进入一个蜕变的时期。在这时期中，它的主权从公室移到越来越少的氏室，直至它裂为三国才止。在这蜕变的时期中，它只有蛰伏不动。但楚国且慢高兴，当它灭陈的时候，新近暴发的吴国已蹑在它脚后了。

第四节 吴、越代兴

自泰伯君吴后，十九世而至寿梦。中间吴国的历史全是空白。寿梦时，吴国起了一大变化。这变化的起源，说来很长。前617年，即城濮之战后十五年，陈国有夏徵舒之乱。徵舒的母亲夏姬有一天同陈灵公和两位大夫在家里喝酒。灵公指着徵舒对一位大夫说道："徵舒像你。"那位大夫答道："也像你。"酒后徵舒从马厩里暗箭把灵公射死。陈国大乱。楚庄王率兵入陈定乱，杀了徵舒，俘了夏姬回来，打算把她收在宫里。申公巫臣说了一大番道理把他劝阻了。有一位贵族子反想要她，巫臣又说了一大番道理把他劝阻了。后来夏姬落在连尹襄老之手，邲之战，襄老战死，他的儿子又和她有染。巫臣却遣人和她通意，要娶她，并教她借故离楚，而设法把她安顿在郑。夏姬去后不久，巫臣抓着出使齐国的机会。他行到郑国，便叫从人把所赍的"币"带回去，而自己携着夏姬投奔晋国。子反失掉夏姬，怀恨巫臣。又先时另一位贵族要求赏田，为巫臣所阻，亦怀恨他。二人联合，尽杀巫臣的家族，而瓜分他的财产。巫臣由晋致书二人，誓必使他们"疲于奔命以死"。于是向晋献联吴制楚之策。他亲自出使于吴，大为寿梦所欢迎。吴以前原是服属于楚的，他教寿梦叛楚。他从晋国带来了一队兵车，教吴人射御和车战之术。吴本江湖之国，习于水战而不习于陆战。但从水道与楚争，则楚居长江的上游而吴居其下游，在当时交通技术的限制之下，逆流而进，远不如顺流而下的利便，故吴无法胜楚。但自从吴人学得车战后，形势便大变了，他们从此可以舍舟而陆，从淮南江北间搠楚之背。从此楚的东北境无宁日。楚在这一方面先后筑了钟离、巢及州来三城（皆在今安徽境，州来在寿县，巢在庐州，钟离在临淮县）以御吴。吴于公元前519年取州来。其后七年间以次取巢取钟离并灭徐。前506年，即向戌弭兵之会后四十年，吴王阖闾大举伐楚。吴军由蔡人引导，从现今的寿县、历光、黄，经义阳三关，进至汉水北岸，乃收军；楚军追战至麻城（时称柏举）大溃。吴师继历五战，皆胜，遂攻入郢都。楚平王逃奔于随。这次吴人悬军深入，饱掠之后，不能不退，但楚国却受到空前的深痛巨创了。昭王复国后，把国都北迁于都，是为鄢郢，即今湖北宜城。

像晋联吴制楚，楚亦联越制吴。

在周代的东南诸外族中，越受诸夏化最晚。直至战国时，中国人在寓言中提到越人，还说他们“断发文身”，说他们“徒跣”不履；又有些学者说越“民愚疾而垢”是因为“越之水重浊而洎”。此时越人的僿野可想。越人的语言与诸夏绝不相通。现在还保存着前5世纪中叶一首用华字记音的越歌和它的华译。兹并录如下，以资比较。

越歌	华译
滥兮扑草滥予吕柭泽予吕州州𩜱州焉平秦胥胥缦予乎昭澶秦逾渗惿随河湖（句读已佚）	今夕何夕兮，搴中洲流？今日何日兮，得与王子同舟？蒙羞被好兮，不訾诟耻。心几烦而不绝兮，知得王子。山有木兮木有枝，心悦君兮君不知。

越人在公元前537年以前的历史除了关于越王室起源的传说外，全是空白。是年越人开始随楚人伐吴。其后吴师入郢，越人即乘虚袭其后。入郢之后十年，吴王阖闾与越王勾践战于槜李（今嘉兴），大败，受伤而死。其子夫差于继位后三年（前494年）大举报仇，勾践败到只剩甲楯五千，退保会稽（今绍兴），使人向夫差卑辞乞和，情愿称臣归属。此时有人力劝夫差趁势灭越。夫差却许越和。大约一来他心软，二来他认定越再无能为，而急于北进与诸夏争霸，不愿再向南荒用兵了。在此后十二年间，夫差忙于伐陈伐鲁，筑城于邗（即今扬州），凿运河连接江淮，从陆路又从海道（吴以舟师从海道伐齐为我国航海事见于记载之始）伐齐，和朝会北方诸侯；而勾践则一方面向夫差献殷勤，向他的亲信大臣送贿赂，一方面在国内奖励生育（令壮者不得娶老妇，老者不得娶壮妻；女子十七不嫁，男子二十不娶，其父母有罪），并给人民以军事训练。前482年，夫差既两败齐国，大会诸侯于齐的黄池。他要学齐桓、晋文的先例，自居盟主。临到会盟的一天，晋人见他神色异常的不佳，料定他国内有变，坚持不肯屈居吴下，一直争执到天黑，结果他不得不把盟主的地位让给晋国。原来他已经秘密接到本国首都（吴原都句吴，在今无锡东南，至夫差始迁于姑苏，即今苏州）被越人攻陷的消息了。夫差自黄池扫兴而归后，与越人屡战屡败。前473年，吴亡于越，夫差自杀。

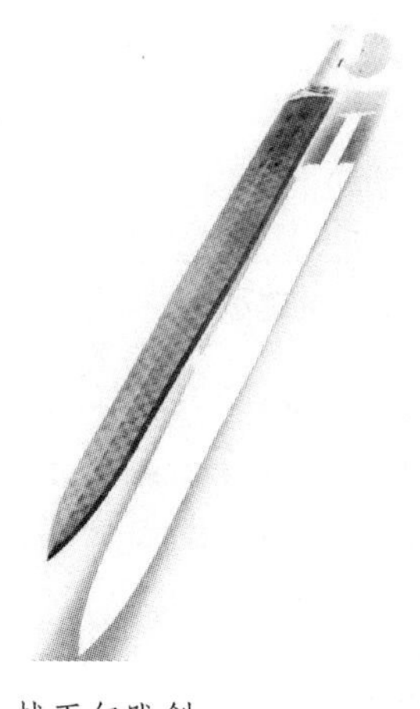

越王勾践剑

勾践踏着夫差的路径北进，大会诸侯于徐州（据顾栋高考，此徐州在今山东滕县，非江苏之徐州），周王亦使人来“致胙”。后又迁都于琅琊（越本都会稽，即今绍兴。至勾践前一代迁诸暨），筑起一座周围七里的观台，以望东海。这时越已拓地至山东，与邾、鲁为界了。

勾践死于前465年，又六十三年而晋国正式分裂为三，那是战国时代的开始。在这中间，越灭滕（后恢复）、灭郯；楚则灭蔡、灭杞、灭莒（莒后入于齐），亦拓地至山东境。在转到战国时代之前，让我们补记两个和向戌先后并世的大人物；一个是郑公孙侨，字子产，即弭兵大会中郑国的代表之一；另一个是鲁孔丘，字仲尼，即后世尊称为孔子的。

第五节　郑子产

公元前565年，即鄢陵大战后十年，郑司马子国打胜了蔡（是时蔡是楚的与国），把他的主帅也俘了回来，郑人都在庆祝，子国更是兴高采烈。他的一位约莫十六七岁的儿子却冷静地说道：“小国没有把内政弄好，却先立了战功，那是祸种。楚人来讨伐怎办？依了楚，晋人来讨伐又怎办？从今以后，至少有四五年郑国不得安宁了！”子国忙喝道：“国家大事，有正卿做主。小孩子胡说，要被砍头的。”正卿做主的结果，不到一年，楚、晋的兵连接来临郑国。

那位受屈的小预言家就是子产。

胜蔡后两年，子国和正卿给一群叛徒在朝廷中杀死了。正卿的儿子，闻得噩耗，冒冒失失地立即跑出，吊了尸，便去追贼，但贼众已挟着郑君，跑入北宫。他只得回家调兵，但回到时，家中的臣属和奴婢已走散了一大半，器物也损失了不少。他兵也调不成了。子产闻得噩耗，却不慌不忙，先派人把守门口，然后聚齐家臣属吏，督着他们封闭府库，布置防守；然后领着十七乘的兵车，列着队伍出发，吊了尸，就去攻贼，别的贵族闻风来助，把贼众通通杀死了。从此以后，郑国的卿大夫们对这位公孙侨都另眼相看。

再经过几番的大难和子产几番的匡扶之后，那外受两强夹剪，内有巨室捣乱的郑国终于（在前543年，弭兵之会后三年）轮到子产主持。这时他才约莫四十岁。

子产知道那习于因循苟且的郑国，非经过一番革新整饬，不足以应付危局。他给全国的田土重新厘定疆界，划分沟洫，把侵占的充公，或归原主。他规定若干家为一个互助的单位，若干家共用一口井。他令诸色人等，各有制服。他开始编定刑法，铸成“刑书”，向人民公布，他把军赋增加，以充实郑国的自卫力。为着这些，尤其是为着加赋的事，他不知受了多少咒骂。有的说：“他的父亲死在路上，他又要做蝎尾巴了！”子产说：“苟有利于国家，生死不改！”

但子产对舆论从不肯加以任何干涉。当时都中有一所“乡校”（大约是一个养老而兼较射的地方），人民时常聚集其中议论执政。或劝子产：何不把乡校拆毁？子产说：“为什么？人家早晚到那里逛逛，议论执政的长短，正是我的老师。为什么把乡校拆毁了？我听说：忠爱可以减少怨恨，却没听说威吓可以防止怨恨。若用威吓，难道不能使怨声暂时停止？但民怨像大川一般，堤防虽密，一旦溃决便不知要伤害多少人，那时抢救也来不及了。不如留些少决口，给它宣泄。不如让我得听谤言，用作药石。”

子产从政一年后，人民唱道：

> 取我衣冠而褚（贮）之！取我田畴而伍之！孰杀子产？吾其与之！

到了三年，人民唱道：

> 我有子弟，子产诲之。我有田畴，子产殖之。子产而死，谁其嗣之？

子产的政令，说得出，就要做得到，若行不通，他就干脆撒手。有一回大夫丰卷为着祭祀，请求举行狩猎，子产不准。丰卷大怒，回去便征调人民。子产马上辞职，向晋国出走。幸而当时郑国最有势的罕氏子皮拥护子产，把丰卷驱逐，子产才复职。却保留着丰卷的田产，过了三年，召他回国，把田产还他。

子产对于传说的迷信，毫不迁就。前524年，火宿（即心宿）出现不久，接着起了一阵大风。祝官禆灶说了一堆鬼话之后，请求子产拿宝玉去禳祭，以为否则郑国将有大火。子产不听，凑巧几天之后郑都有一家失火，灾后，禆灶又请拿宝玉去禳祭，以为否则又将有大火。子产还是不听。郑人纷纷替禆灶说话，连子产的同僚也来质问，子产答道：“天象远，人事近；它们是不相关涉的。怎能靠天象去预知人事？而且禆灶哪里懂得天象？他胡说得多了，难道不会偶中？”次年，郑都大水，郑人纷传时门外的洧渊有二龙相斗，请求祭龙。子产不许，回道：“我们争斗，碍不着龙，为什么龙争斗却碍着我们？”

上面讲的都是子产在内政上的措施。但最费他心力的却是对外的问题。在这方面他集中了全国的专才。当时冯简子最能决断大事；游吉长得秀美，举止又温文，宜于交际；公孙挥熟悉外国的情形，又善于措辞；裨谌最多谋略，但他要在野外才能想好计，回到城中便如常人一般。子产遇着外交大事，大抵先向公孙挥询问外国的情形，并令他把该说的话多多预备；然后和裨谌乘车到野外筹划；筹划所得请冯简子决断；办法决定了，便交游吉去执行。因此郑国在应付外人上，很少吃亏。

前 541 年，楚公子围（后来的灵王），领着一大班人马来郑都聘问并且娶亲，要入居城内的客馆，经子产派“行人”去劝说，才答应驻在城外。到了吉期，公子围又要率众人入城迎接新妇，郑人越疑惧。子产又派行人去说道：“敝邑太窄小，容不了贵公子的从人。请在城外扫除空地，作行礼的场所罢。”公子围的代表，以面子关系为理由，坚持不允。郑人便直白说道：“小国没有什么罪，唯倚靠外人才真是罪。本来要依靠大国保障的，但恐怕有人不怀好意，要计算自己。万一小国失了倚靠，诸侯不答应，要和贵国捣麻烦，那时小国也是过意不去的。”公子围知道郑国有备，只得命众人倒挂着弓袋入城。对强邻戒备，那是子产永远不会放松的。前 524 年郑都大火时，他一面派人去救火，一面派大兵登城警备。有人说：“那不会得罪晋国吗？”子产答道：“平常小国忘却防守就会危亡，何况当着有灾难的时候？”不久晋人果来责问，说晋君正在替郑人担忧。郑兵登城，是什么意思？子产给他解释了一番，最后说道：“若不幸郑国亡了，贵国虽替担忧，也是没用的。”

前 529 年，晋君乘着楚灵王被杀，楚国内乱之后，大会诸侯于陈国的平丘，子产代表郑国赴会。将要结盟时，子产突然提出减轻郑国军赋的要求，从正午一直争到昏黑，晋人到底答应了。会后有人责备子产道：万一晋人翻起脸来，带着诸侯的兵，来讨伐郑国，那时怎办？子产答道：“晋国政出多门，尚且敷衍个不了，哪里有工夫向别国讨伐。国家若不挣扎，便愈受欺凌，还成个什么国家？”

子产不独是一个实行家，而且是一个能够化经验为原理的实行家。有人问他为政的道理，他说：“政治好比庄稼的工夫，日夜要筹度；起先筹度好就做到底，从早到晚苦干，可别干出了筹度的范围，如像耕田不要过界；那就很少有错失了。”

有一回子皮要派一个子弟去做邑宰。子产说：“他年纪太小，不知道行不行。”子皮回答道：“这人老实，我爱他，他断不会背叛我的。让他去学学，便渐渐懂得政事了。”子产说：“那不行，人家爱一个人，总要使他得到好处；现在你爱一个人，却给他政事，好比叫一个还没学会拿刀的人去切东西，只有使他受伤而已。假如你有一匹美锦，你必定不让人拿来练习剪裁。要职和大邑是我们身家性命所托庇的，就可以让人拿来练习做官吗？”

前 522 年，子产死。死前，他嘱咐继任的人道：唯独非常有德的才能靠宽纵服人。其次莫如用猛力。你看火，因为它猛烈，人人望见就怕它，故此因它致死的很少。但水，因为软弱，人人都去狎玩它，故此因它致死的很多。

子产的死耗传到鲁国时，孔子含泪叹道：“古之遗爱也！”他和子产却未曾会过一面。

第四章　孔子及其时世

第一节　鲁国的特色

当春秋时代，鲁是一个弱国，始受制于齐，继受制于吴，终受制于越。但它也是列国中文化最高的。宗周的毁灭和成周在春秋时所经几度内乱的破坏，更增加鲁在文化上的地位。前540年，晋韩宣子来聘，看到鲁太史所藏的典籍，便说“周礼尽在鲁矣”！先此数年，吴公子季札历聘诸国，到鲁国，特别请求听奏各种“周乐”。可见“周乐”亦“尽在鲁矣”。不独代表“精神文明”的“礼乐”为然，论“物质文明”也是鲁国首屈一指。前589年，鲁向楚求和，赂以木匠、绣工、织工、缝工各一百人。可见这些工艺在鲁国特别发达。我国历史上第一个著名的建筑工程师公输般，即旧日木匠行所供奉的“鲁班师父”，就是生于孔子死后不久的鲁国人。

当春秋时代，在多数国家，“周礼”已成一段模糊的历史了。但鲁人特别小心翼翼地遵守着它，并且当做一种重大的学问去讲求它。当时鲁国有一班人，专以传授礼文，并“导演”礼仪为职业。这种人叫作“儒”。鲁人之重礼信儒曾造成一段历史的话柄。鲁昭公有一次和齐君会盟。齐君对他叩头，他却只作揖还礼。齐人大怒。鲁国相礼的大夫解释道：依礼，寡君除非对天子是不能叩头的。试想当时齐国是何等强，鲁是何等弱；鲁对齐地也不知割过多少了，兵役也不知服过多少了；然而这一次毫不丢脸的叩头，只因为《周礼》上没有写着，便不能通融了。其后数年，齐人把昭公请到齐国的地方来会盟，特别督着要他叩头，他只得照办。当时齐人唱了一支歌嘲笑他道：

鲁人之皋！数年不觉。使我高蹈。惟其儒书，以为二国忧！

这首歌，用现在话译出，大意就是说：

鲁人的顽固！几年都不觉醒。使我们又要奔波。一味死守着他们的儒书，引起两国间无限的麻烦！

第二节　孔子的先世与孔子的人格

前 518 年鲁国三巨室之一的大夫孟僖子临死，遗嘱他的家臣，大意道：人之有礼好比树之有干，没有礼便站立不住。我听说不久将有一位显达的人出现，叫作孔丘。他是圣人的后裔，而本族在宋国被灭。他的祖先弗父何（按略与周厉王同时）原是宋国的太子而让位给宋厉公。弗父的后人（按曾孙）正考父辅佐戴公、武公、宣公三世，受过三次的册诰命（按三命为上卿）而越加敬谨，所以他的鼎铭道：

一命而偻，再命而伛，三命而俯。循墙而走。亦莫余敢侮。饘于是，粥于是，以糊余口。

他是这样敬谨的。臧孙纥（按乃鲁国以智慧著名的大夫）说过：“有明德的圣人，若本身不能得位，他的后代必定有显达的。现在将要应在孔丘身上了罢？我死后你们务必让我的两个儿子跟他学礼。”

孟僖子所述孔子的先世，还须要一点补充。正考父的儿子孔父嘉在宋国的内乱中被杀了。一说父嘉的儿子避难到鲁国，一说他的曾孙防叔始迁居鲁国，未知孰是。防叔的孙孔纥生孔子。孔纥是名闻于诸侯的大力士。历史上记着他两件战功：（一）前563年晋人率诸侯兵攻逼阳国的都城（在今山东峄县南五十里）。先锋的战士刚进入郭内，悬门忽然落下；幸亏孔纥在场，推起悬门，把他们放出。（二）前556年，齐师侵鲁，把鲁大夫臧纥围在旁邑里。孔纥亦在围中，他半夜率领三百名甲士袭击齐军，乘齐人忙乱中，把臧纥送走，然后回营固守。齐人无可奈何而退。此役之后五年而孔子生，那是孔纥晚年续娶的颜氏女所出。

当孟僖子死时，孔子年三十五。以前他的历史我们知道得很少。只知道他在少年时便没了父母，家境很寒苦。他为贫而仕，先后替贵族管过会计和畜牧的事，都很称职。他从少就是一个好学不倦而且多才多艺的人。他自己曾谦说道：“我少时微贱，故学会了许多鄙事。”像射、御、诗、礼等经常的士的技能，他自然是具备的了。又自述道：“我十五岁便立志向学，三十岁便站立得住。”所谓站立得住，就是学礼成功的意思。此后不久，他便成了一个名动公卿的礼学权威。当孟僖子的两个儿

〔南宋〕马远《孔丘像》

子来到孔子门下时，同门的贵族子弟和平民子弟已很不少了。

他们所遇到的是怎样一位先生呢？这位先生衣冠总是整齐而合宜的；他的视盼，和蔼中带有严肃；他的举止，恭敬却很自然。他平常对人朴拙得像不会说话，但遇着该发言的时候却又辩才无碍，间或点缀以轻微的诙谐。他所喜欢的性格是“刚毅木讷”，他所痛恶的是“巧言令色”。他永远是宁静舒适的。他一点也不骄矜；凡有所长的他都向其请教。便是他和别人一起唱歌，别人若唱得好，他必请再唱一遍，然后自己和着。他的广博而深厚的同情到处流露。无论待怎样不称意的人，他总要“亲者不失其为亲，故者不失其为故”。他的朋友“生于我乎馆，死于我乎殡”。他遇见穿丧服的人，虽是常会面的，必定变容。他在有丧事的人旁边吃饭，从未曾饱过。

他和弟子间相处的气象，从弟子的两段记录可以窥见。

有一天几位弟子陪着孔子闲坐。孔子道：“你们觉得我是长辈，不免有点拘束，不要这样。平常你们总说没人知道我，假如有人知道，又有什么把握呢？”子路爽快地答道：“千乘之国，夹在两大国中间，受着兵祸，又闹饥荒，让我来主持，才到三年，便使得人民有勇，并且循规蹈矩。”孔子向他微笑了一下，又问另一弟子道：“求，你怎样？”他答道：“五六十里或六七十里见方的国家，让我来主持，才到三年，便使得人民富足。至于礼乐，另待高明。”孔子又问：“赤，你怎样？”答道：“并不是说能够，但想学学：像宗庙的大事和诸侯的聚会，我愿意穿着章甫（按章甫乃商朝的冠服，在仪式中相礼的人穿的），在旁边做一个小相。”孔子又问另一弟子：“点，你怎样？”这时他弹瑟渐缓，微音铿然。他把瑟放下，起身答道：“我和他们三位不同。”孔子道：“有什么关系呢？不过各说自己的志向罢了。”他道：“暮春的时候，春衣既已做好，和少年五六人，童子六七人，到沂水里洗浴。洗完了，当着轻风歇凉，一面看人舞雩（按雩是祈雨之祭）。然后大家歌咏而归。”孔子听了喟然叹道：“我和点有同感。”

又一次，颜渊、子路和孔子在一起。孔子道：“你们何不各把自己的志向说说？”子路道：“愿把自己的车马轻裘，和朋友共用，用坏了也没有怨憾。”颜渊道：“愿不夸自己的长处，不表自己的功劳。”子路请问老师的志向。孔子道：“愿给老年的以安乐，对朋友以信实，给幼少的以爱抚。”

第三节　孔子与其时世

教育是孔子心爱的职业，政治是他的抱负，救世是他的理想。

孔子生于弭兵之会前六年。此会后，中原的战争暂时减少，但剧战的场所不过移到江淮一带，兵祸并没有真正消弭。在另一方面，环此会前后的一百年间，旧秩序的破坏加甚，至少在宋、鲁、郑、齐、晋等国，政柄落在大夫，君主成了傀儡；诸巨室彼此勾心斗角，不时搅起内乱，鲁国到底是君子之邦，它的巨室“三桓”（皆出自桓公的，故名），绝少自相残害。他们采用分赃的办法。前537年（孔子十六岁），他们把公室的土地、人民分为四份，季孙氏拣取了两份，叔孙氏和孟孙氏各得一份，此后三家各对公室纳些小的贡赋，便算补偿。三家妥协，鲁君更不好做。前517年（孔子三十六岁），昭公讨伐季氏，结果给三家合力赶走，在外国流寓了七年而死。这还不够。恶人还有恶人磨。跋扈的大夫每受制于更跋扈的家臣，这也是鲁国的特色。前538年(孔子十五岁)，竖牛叛叔孙氏，把他禁在一室，活活地饿死。前530年（孔子二十三岁），南蒯叛季孙氏，据了费邑三年。但这些还是局部的事变。前505年（吴王阖闾入郢之次年，孔子四十八岁），季孙氏的家臣阳虎勾结了季孙氏和叔孙氏两家中不得志的分子，起了一场大政变。名副其实的阳虎把季孙氏囚禁起来，迫得他立誓屈服，然后放他；更挟持鲁君，放逐敌党，居然做了三年鲁国的独裁者，而且不知凭什么手段，很得民众的归服。三桓也俯首帖耳，听阳虎驱使。后来阳虎要除去他们，将自己的党羽替代季孙氏和叔孙氏，以自己替代孟孙氏。本来隐忍旁观的孟孙氏（即奉父命从孔子学礼的孟懿子)被迫作困兽斗，结果，出乎大家意料的，阳虎兵屡败，逃奔齐国。但次年（前500年）叔孙氏所属郈邑的马正侯犯又杀了邑宰，据郈作乱，幸而他无勇无谋，几个月即被解决。鲁国如此，本来破落的周室又复崩分。前520年(孔子三十三岁)，景王死，王子朝纠合了无数失职的官吏和失意的贵族乘机作大规模的暴动，从此畿内扰攘了二十年，赖晋国屡次出兵援助，才得平定。

旧秩序的破坏不仅在政治方面，弭兵大会以前的长期混战除摧毁了无数的生命和财产外，还摧毁了许多的迷梦。它证明了“昊天不惠”，它证明了“渝盟无享国”一类的诅誓只是废话，它证明了“牲牷肥腯，粢盛丰洁”无补于一国或一身家的安全，它证明了人们最可靠的靠山还是自己。当郑子产昌言“天象远，人事近，它们是不相及”的时候，理智的锋刃，已冲破传统迷信的藩篱。从前尽人相信一切礼法制度是天帝所规定的，现在有人以为它们是人所创设而且是为人而设的了。从前尽人相信王侯是代表天帝（君，天也）神圣不可侵犯的，现在恶君被弑或被逐，有人公然说他罪有应得，并且对叛徒表同情了。孔子曾慨叹道：“我还及见史官阙文，有马的借给人骑，如今都没有了！”这两件事虽然本身很小，它们的象征的意义却很大。它们象征“世风日下，人心不古”的总趋势，社会组织蜕变时所必有的趋势。因为旧道德的力量减少，又因人口增加，都邑扩大，贵族和庶民间的关系日益疏远；礼教的拘束和威仪的镇压已不够做统治之用；所以有些精明的贵族感觉到制定成文的刑法的必要。前 536 年（孔子十七岁），郑子产把所作的刑书铸在鼎上公布。前 513 年（孔子四十岁），晋人也把范宣子所作的刑书（范宣子卒于前 549 年，其作刑书年不详），以同样的方式公布。这些都是非常的创举，在当时受着严厉的诽议的。

孔子所处的时代的性质已约略表过。在宗教思想上，孔子是大致跟着时代走的。他虽然还相信一个有意志有计划的天帝，但那已经不是可以用牺牲玉帛贿买的天帝，而是在无声无嗅中主持正道的天帝了。他绝口不谈鬼神的奇迹。有人向他请教奉事鬼神的道理，他说“未能事人，焉能事鬼？”再向他请教死的道理，他答道：“未知生，焉知死？”他教人“敬鬼神而远之”，教人“祭如在”。“远之”就是不当真倚靠它们；“如在”就是根本怀疑它们的存在了。不过既然根本怀疑它们存在，为什么还要向它们致祭，为它们举行繁缛的葬礼，并且守着三年的丧呢？孔子的答案是以此报答先人的恩德，非如此则于心不安，于心不安的事而偏要做，便是不仁。把宗教仪节的迷信意义剥去，只给它们保留或加上道德的意义，这种见解虽然不必是孔子所创，在当时乃是甚新的。

在政治主张上，孔子却是逆着时代走的。他的理想是以复古为革新，他要制裁那些僭越的家臣、僭越的大夫、僭越的诸侯，甚至那些不肯在贵族脚下安守旧分的民众。他的理想是：“天下有道则礼乐征伐自天子出”“天下有道则政不在大夫”“天下有道则庶人不议”。

孔子是历史兴趣很深的人，他也曾以“敏而好古”作自己的考语。他尽力考究了三代制度之后，觉得周代吸取了前二代的精华，文物灿备，不禁说道：“吾从周！”除了一些小节的修正，像“行夏之时，乘殷之辂……乐则韶舞”等等以外，他对于西周盛时的文物典章全盘接受，并且以它们的守护者自任。他盼望整个中国恢复武王周公时代的旧观。

他的理想怎样实现呢？照他不客气的看法，只有等待一个“明王”出来，用他弼辅，像武王之于周公。手把大钺的周公，那是他毕生憧憬着的影像。在晚年他还因“不复梦见周公”而慨叹自己的衰颓。不得已而思其次，若有一个霸主信用他，像桓公之于管仲，他的理想也可以实现一部分。他对于管仲也是不胜欣慕的。更不得已而思其次，若有一个小小的千乘之国付托给他，如郑国之于子产，他的怀抱也可以稍为展舒。他的政治理想虽高，他对于一个弱国处理的切实办法，并不是捉摸不着。有一回他的门人子贡向他问政，他答道，要“足食、足兵，人民见信”。问：若不得已在三项中去一，先去哪项？答道：“去兵。”再问：若不得已在余下的两项中去一，先去哪项？答道：“去食。从古都有死，人民没有信心便站不住。”他又说：“一个国家，不怕人口少，只怕人心不安，不怕穷，只怕贫富不均。”这些话显然是针对着大家只知道贫弱为忧的鲁国而发的。

“假如有用我的，仅只一周年也可以，三年便有成功。”他说。

第四节　孔子与政治

但是谁能拔用孔子呢？鲁昭公不用说了，他十九岁即位，“犹有童心”，况兼是个傀儡。孟孙氏大夫孟懿子是孔子的门人，但他还是个后生小子。三家之中，季氏最强，大权独揽。但便是曾以僭用天子礼乐，致孔子慨叹“是可忍孰不可忍”的。不久，更不可忍的事发生，昭公被逐，孔子便往齐国跑。

他到齐国，大约是避乱的成分少，而找机会的成分多。这时距齐人灭莱之役已五十年；景公即位已三十一年，崔、国、栾、高诸巨室已先后被灭，陈氏已开始收拾人心，蓄养实力。景公固然不是个怎样的贤君。他的厚敛曾弄到民力三分之二归入公家；他的淫刑曾弄到都城的市里“履贱踊（被刖者所用）贵”。他听到“天下有道则礼乐征伐自天子出”一类的话，当然要皱眉。但他听到“天下有道则政不在大夫”一类的话却不由不大赞“善哉！善哉”！但不知是他的眼力，抑或是他的腕力不够，他始终没有任用孔子。孔子在齐七八年，虽然养尊处优，还是（用他自己的比喻）活像一个葫芦，被人“系而不食”。这是孔子所能忍耐的吗？乘着鲁定公即位（前509年），鲁国或有转机，他便回到祖国。

他归鲁后约莫三四年而阳虎的独裁开始。眼光如炬的阳虎就要借重孔子。他知道孔子不会干谒到他的，却又不能屈身去拜候一个穷儒。依礼，贵臣对下士若有馈赠而他不在家接受，他得到贵臣门上拜谢。于是阳虎探得孔子外出的时候，送一大方熟猪肉给他。孔子也探得他外出，然后去拜谢。可是他们竟在途中相遇，阳虎劈头就说："来！我和你说句话。怀着自己的宝贝，却瞒着国人，这可谓仁吗？"孔子只得回答道："不可。""喜欢活动，却坐失时机，这可谓智吗？"孔子只得答道："不可。"阳虎道："日子一天天地过去了！岁月是不等待人的！"孔子只得回答道："是，我快出仕了。"

但他没有出仕，而阳虎已倒。这时他机会可真到了。他的门人孟懿子因为发难驱阳虎的大功，在政府里自然争得相当的发言权。季孙氏一方面为收拾人心，一方面感念孔子不附阳虎，便把司寇一席给他。这时孔子有五十多岁，距郑子产之死有二十多年。

子产的人格和政绩是孔子所称赞不厌的。他说子产有君子之道四："其行己也恭，其事上也敬，其养民也惠，其使民也义。"此时孔子的地位也有点和子产的相像；郑之于晋、楚，犹鲁之于齐、晋；郑之有七穆，犹鲁之有三桓。所不同的，子产自身是七穆之一，而且得七穆中最有力的罕氏拥护到底；孔子却没有一田半邑，而他受季氏的真正倚任也只有三个月，虽然司寇的官他至少做了三年（从定公十至十二年）。但他在无可措施中的措施也颇有子产的风度。

前500年（定公十年）孔子辅佐着定公和齐景公会盟于夹谷（齐边地）。有人向景公说道：孔丘这人虽熟悉礼仪，却没勇力；假如叫莱兵逼胁鲁侯，必定可以得志。景公依计。不料"临事而惧、好谋而成"的孔子，早就设着武备。他一看见莱兵，便护着定公退下，并命令随从的武士们动手；接着说一番"夷不乱华……华不逼好"的道理，直斥齐人此举，于神是不祥，于道德是不义，于人是失礼。齐侯气沮，只得遣退莱兵。临到将要结盟，齐人在盟书上添写道："齐师出境而（鲁）不以甲车三百乘从我者，有如此盟！"孔子立即命人宣言，齐人若不归还汶阳的田，而责鲁人供应，也照样受神罚。后来齐人只得归还汶阳的田。

孔子在鲁司寇任内所经历的大事，除了夹谷之会，便是前498年的"堕三都"运动。所谓"三都"就是季孙氏费邑，叔孙氏的郈邑和孟孙氏的成邑；"堕三都"就是要将这三邑城郭拆除。三邑之中，费、郈都是旧日家臣叛变的根据地，而费邑自南蒯失败后，不久便落在另一个家臣公山不狃之手，不狃是阳虎的党羽，阳虎既倒，他还屹然不动。"堕三都"一方面是要预防家臣负隅作乱，一方面亦可以削弱三桓。二者都是和孔子素来的政治主张相符的，故此他对于此举，极力赞助，虽然主动却似乎不是他，而是他的门人子路，这时正做着季氏的家宰的。子路的发动此事原是尽一个家臣的忠悃。此时费邑已成了季氏腹心之患，非堕不可的。季孙氏地广邑多，毁一城满不在乎。但叔孙和孟孙二氏各毁一大城则元气大损，这也是于季孙氏有利的。叔孙氏犹有侯犯之乱可惩，至于孟孙氏堕城，好比一个无病的人白陪人家吃一剂大黄巴豆，完全是犯不着的。所以堕城议起，他一味装聋，后来定公率兵围城，没有攻下，便把他放过。但郈、费到底被堕了，堕费最费气力，孔子受季孙氏三个月的倚任就在此时。原来公山不狃不待季孙氏动手，先自发难，率费人袭入都城，定公和三桓仓皇躲进季孙氏的堡中，被费人围攻着。叛徒很快到定公身边了，幸亏孔子所派的援兵及时赶到，把费人杀败。其后不狃势穷，逃往齐国。

堕费之役孔子虽然立了大功，但不久（前497年），孔子便辞职，他辞职的直接原因，有人说是祭余的烧肉没有照例送到，有人说是季孙氏受了齐人的女乐，三日不朝。孰是孰非，无关宏旨。总之，季孙氏的势力完全恢复了以后，再没有可以利用孔子的地方了，再不能维持向日对孔子的礼貌了。鲁国再没有孔子行道的机会了。他只好再到外国去碰碰运气，虽然他不存着怎样的奢望。如鲁国一个守城门的隐者所说，他原是一个“知其不可而为之者”。

但是到什么地方去呢？齐的韶乐虽然值得孔子再听，齐景公却值不得他回顾。卫虽小国，地理上和政治上却最与鲁国接近。恰好这时子路的僚婿弥子瑕甚是得卫灵公的宠信。去职的次年，孔子便领着一班弟子来到卫都帝丘（在今河南濮阳西南）。这时距卫人第一次避狄迁都——从朝歌（在今河南淇县）迁到楚丘（在今河南滑县）有一百六十多年，距卫人第二次避狄迁都——从楚丘迁到帝丘，有一百三十多年。当第一次迁都时，朝歌的遗民男女合计只有七百三十口。经过长期的休养生聚，新都又成了熙熙攘攘的大邑。孔子入境，不禁叹道：“好繁庶呀！”给孔子驾车的弟子冉有忙问：“既繁庶了，还要添上什么呢？”孔子答道：“添上富。”“既富了，还要添上什么呢？”“添上教。”

但此时卫灵公正被夫人南子迷得神魂颠倒，哪里有闲心去管什么富咧，教咧，只照例用厚禄敷衍着孔子。孔子居卫些时，觉得没味，便又他去（前496年？）。此后十多年间他的行踪，记载很缺略，而且颇有参差。我们比较可以确知的，他离卫后，到过宋、陈和楚新得的蔡地，中间在陈住了好几年；前485年（鲁哀公十年）自陈返卫；约一年后自卫返鲁。此外他也许还经过曹、郑，到过故蔡以外的楚境。在这长期的奔波中，孔子不独遇不着一个明君，而且遇了好几次的生命危险。当他过宋时，向戌的曾孙桓魋不知因为什么对他发生恶感，要杀害他，幸亏他改装逃脱。当他过匡（郑地？）时，受过阳虎荼毒的匡人错认他是阳虎，把他连群弟子包围起来。幸亏匡人没有错到底。在陈、蔡的边境时，因为无“上下之交”，粮糈断绝，他和弟子们曾经饿到站立不起。

这些困厄并没有压倒孔子的自信心。当在宋遇难时，他说：“天生德于予，桓魋其奈我何！”当在匡遇难时，他说：“文王死了以后，文教不在这里吗？难道天要废弃这些文教吗？难道后来的人不得承受这些文教吗？天没有废弃这些文教的，匡人其奈我何！”

在旅途中孔子曾受过不少隐者的讥讽。有一次他使子路去向两个并耕的农人问渡头的所在。甲说：“在车上执辔的是谁？”子路答道：“是孔丘。”“是鲁孔丘吗？”“是的。”甲说：“这人便知道渡头的所在了！”子路只得向乙请问。乙道：“您是谁？”子路答：“是仲由。”“是鲁孔丘的徒弟吗？”“是的。”“满天下都是洪水滔滔，一去不返的。谁能改变它呢？而且您与其跟随到处要避人的志士，何如索性跟随避世的隐士呢？”乙说完了，不断地覆种。子路回去告诉孔子。孔子说：“鸟兽是不可与同群的。我不和世人在一起却和谁在一起？假如天下有道，我便不去改变它了。”

但政治方面的否塞使得孔子救世热情终于不得不转换方向。当他最后由蔡回到陈的时候，他叹道：“归罢！归罢！我们这班天真烂漫的小子，好比织成了文彩斐然的锦，却不知道怎样剪裁。”这时他已隐然有以教育终余生的意思了。这时他确已老了，他已六十八岁了，虽然他一向总是“发愤忘食，乐以忘忧，不知老之将至”。

第五节　孔子与教育

孔子最大的抱负虽在政治，他最大的成就却在教育。在我国教育史上，他是好几方面的开创者。这几方面，任取其一也足以使他受后世的“馨香尸祝”。

第一，在孔子以前，教育是贵族的专利，师儒是贵族的寄生者。孔子首先提倡“有教无类”，这就是说，不分贵贱贫富，一律施教。他自己说过，从具“束脩”（十吊腊肉）来做贽见礼的起，他没有不加以训诲的。这件事看来很平常，在当时实是一大革命。这是学术平民化的造端，这是“布衣卿相”的局面的引子。至于他率领弟子，周游列国，作政治的活动，这也是后来战国“游说”的风气的创始。

第二，孔子以个人在野的力量，造就或招聚一大帮的人才，他的门下成了至少鲁国人才的总汇；他自卫返鲁后，哀公和季康子要用人时，每向他的弟子中物色。这样一个知识的领袖不独没有前例，在后世也是罕见的。传说他的弟子有三千多人，这虽然近夸张，但他的大弟子名氏可考的已有七十七人，其中事迹见于记载的共二十五人。现在仅计他自己所列举跟他在陈、蔡之间挨饿的弟子：以德行见长的有颜渊、闵子骞、冉伯牛、仲弓；以言语见长的有宰我、子贡；以政治见长的有冉有、子路；以文学见长的有子游、子夏。这些人当中颜渊最聪明，最好学，最为孔子所叹赏，可惜短命；冉伯牛也以废疾早死，无所表现；其余都是一时的俊杰。闵子骞曾被季氏召为费宰而坚

〔唐〕阎立本《孔子弟子像》

决辞却。仲弓做过季氏家宰。宰我受过哀公的咨询，在政府里当是有职的。子贡、冉有皆先孔子归鲁。子贡在外交界任事，四次和吴人，一次和齐人折冲，都不辱命。冉有做过季氏的家宰，于前484年（哀公十一年，孔子归鲁前），当齐人大举侵鲁，鲁当局守着不抵抗主义的时候，激动季氏出兵。冉有并且用茅陷阵，大败齐军。子路为季氏主持"堕三都"及他后来留仕在卫，死孔悝之难，前面均已表过。前481年，小邾（鲁的南邻之一）的一位大夫挟邑投奔鲁国，要子路作保证，以替代盟誓。季康子派冉有到卫国来求子路，说道："人家不信千乘之国的盟誓而信你一句话，你当不以为辱吧？"路答道："假如鲁国和小邾开战，我不问因由，死在敌人的城下也可以。现在依从一个叛臣的话，便是认他为义，我可不能。"子游做过鲁国的武城宰，孔子到他邑里，听得民间一片弦歌声，因此和他开过"割鸡焉用牛刀"的玩笑。子夏做过晋大夫魏成子（即后日魏文侯）的老师。因为孔子弟子多是当时的闻人，他们又多有"仲尼日月也，无得而逾焉"的信念；凭他们的宣扬，孔子便在上层社会里永远传下很大的声名。

第三，孔子首先把技艺教育和人格教育打成一片；他首先以系统的道德学说和缜密的人生理想教训生徒；他的教训，经他的弟子和再传弟子记载下来叫作《论语》，是我国第一部语录。

孔门传授的技艺，不外当时一般贵族子弟所学习的《礼》《乐》《诗》《书》。其中《礼》和《诗》尤其是孔子所常讲，弟子所必修的。

所谓礼有两方面，一是贵族交际中的礼貌和仪节；二是贵族的冠、婚、丧、祭等等典礼。当时所谓儒者就是靠襄助这些典礼，传授这些仪文为生活的。孔子和他大部分的弟子都是儒者，他们所学习的礼当然包括这两方面。礼固是孔子所看重的。他说："不学礼，无以立。"但每一种礼节原要表示一种感情。感情乃是"礼之本"。无本的礼，只是虚伪，那是孔子所深恶的。他把礼之本看得比礼文还重。他说："礼云，礼云，玉帛云乎哉！"又说："丧礼，与其哀不足而礼有余也，不若礼不足而敬有余也。"这原是对于讲究排场拘牵仪式的鲁人的一剂对症药。可惜他的弟子和后来的儒家很少领略得。

当孔子时，各种仪节和典礼大约已有现成的"秩序单"。这些"秩序单"，经过孔子和他的信徒的陆续增改，便成为现在的《仪礼》。

《诗》三百余篇，在春秋时代是有实用的。平常贵族实际上的词令要引诗做装饰，朝廷享宴外宾时，照例要选诗中的一首或一节，命乐工歌诵，以作欢迎词，这叫作"赋诗"。来宾也得另选一首或一章回敬，这叫作"答赋"。主宾间的情意、愿望、恳求，甚至讥刺，每"断章取义"地借诗句来隐示。在这种当儿，诗篇生疏的人便会出丑。故此孔子说："不学诗，无以言。"因为任何贵官都有招待外宾或出使外国的机会，所以诗的熟习成为贵族教育不可少的部分。孔子教诗当然也以他的应对功用为主。诗中含有训诲意味的句子，当时每被引为道德的教条。这一方面孔子也没有忽略。但他更进一步。他教人读诗要从本来没有训诲意味的描写，体会出人生的道理。这便是他所谓"兴于诗"。例如诗文：

巧笑倩兮，美目盼兮，素以为绚兮。

意思原是说一个生来美好的女子，可施装饰。子贡问这里有什么启示，孔子答道："绘画要在有了素白的质地之后。"子贡跟着问："然则礼要在（真情）后吗？"孔子便大加赞赏，说他有谈诗的资格。

诗和乐在当时是分不开的。《诗》三百篇都是乐章。而正宗的音乐不外这三百篇的曲调；除了射、御和舞以外，音乐是贵族教育最重要的项目。一切典礼里都有音乐。而他们平常闲居也不离琴瑟。孔子本来是个音乐家，虽然他在这方面成就完全被他的"圣德"所掩。再没有别事比音乐更可以令他迷醉的了。他在齐听了韶乐曾经"三月不知肉味"。这种享受他当然不肯外着他的弟子们。他的教程是"兴于诗，立于礼，成于乐"。孔子讲音乐和前人不同处在他特别注重音乐的感化力。他确信音乐不独可以陶冶个人的性灵，并且可以改变社会的品质。为尽量发挥音乐的道德功用，他有两种主张：第一，音乐要平民化。他的门人子游做武城宰，便弄到满邑都是弦歌之声。第二，音乐要受国家统制，低劣的音乐要被禁绝。当时郑国的音乐最淫荡，所以他倡议"放郑声"。他晚年曾将《诗》三百篇的旧曲调加以修订。这是他生平很得意的一回事。他说："吾自卫反鲁，然后乐正，雅、颂各得其所。"雅、颂各是诗中的一门类，依着音乐的性质而分别的。经孔子修正过的乐曲，可惜现在无从拟想了。

后世所谓儒家的"六艺"，除了以前提到的《礼》《乐》《诗》和《周易》外，还有《书》和《春秋》。是时《周易》一书，除了卦爻辞外，又增添了象传。那是解释卦爻辞之文，孔子以前鲁太史所作的，韩宣子聘鲁时已经看见。卦爻辞或象传中含有劝诫意味的话，孔子偶然也引来教训弟子。但孔门的科目里并没有《周易》，卜筮之事孔子更是不谈的。《书》，大部分是西周的档案，其内容或为战争时的誓师辞，或为周王封立国君时的册命之词，或为周王对臣下的告谕，或是王室大典礼的记录；另一小部分则是追记唐、虞、夏、商的故事和言语的。这类文件据说在孔子时有一百多篇，现在只剩二十八篇。《书》中训诲的话最多；像《易》一般，它在孔子以前已常被学者引用。它是孔门的读本之一，虽然远不及《诗》的重要。

《春秋》本来是鲁国史官的流水账式的记录的总名，大约因为它每年必标举四时，所以简称《春秋》。它的内容可以现存的第一年为代表：

> （隐公）元年，春，王正月。三月，公及邾仪父盟于蔑。夏，五月，郑伯克段于鄢。秋，七月，天王使宰咺来归惠公仲子之赗。九月，及宋人盟于宿。冬，十有二月，祭伯来。公子益师卒。

像这样的史记，列国都有的，大约鲁国的特别远久，特别全备。这些史记并不完全依事直叙。因为有些丑事，例如鲁桓公之死，根本不能直叙。再者，有些史官故意要把史事记错，来寄托褒贬的意思，或维持已失效的名分。例如晋灵公明明是被赵穿弑了的，但晋太史董狐却因为赵穿的兄弟赵盾“亡不越境，返不讨贼”，便记道“赵盾弑其君”。又如前632年周襄王应晋文公的唤召去参加践土之会，而现传的《春秋》却记道：“天王狩于河阳。”传说孔子曾采用与这两例一路的“书法”，将鲁史记中从隐公元年到哀公十四年的一段加以修改，而成为现存的《春秋经》。这一段所包括的时代（前722至前481年），史家因此称为春秋时代。《春秋经》之始于隐公不知何故，也许鲁史本来如此。它终于哀公十四年，传说是因为是年叔孙氏子出猎获麟；据说麟是预兆明王出现的祥兽，现在“明王不兴”而麟被猎获，孔子感觉道穷，因此含泪绝笔云。

总结孔子和六艺的关系：《诗》《书》，他只沿用作教本，而时或加以新的解释或引申。《易》，他不过偶尔征引。《礼》，他加以重新估价，并且在小节上偶有取舍；例如冕，古礼用麻，时礼用丝，孔子从众，因为当时用丝价廉；又古礼臣拜君于堂下，时礼拜于堂上，孔子从古礼，因为他觉得时礼近于放肆。至于《乐》和《春秋》，他虽加以修改，到底他绍述的成分多而创作的成分少。“述而不作，信而好古”，原是他的自白。

但在学术上他果真是仅只述古的人吗？至少就道德的教说而论，那是不然的。有一回他问子贡：“你以为我是多多地学

〔明〕佚名《孔子圣迹图·西狩获麟》

习却把所得牢记的吗？”子贡答道：“是的，难道不对吗？”孔子说：“不，我一以贯之。”他认定所有的道德规律中有一条最根本、最概括、可以包罗其他的。这种认识乃是道德思想上一大发明。孔子的一贯之道，据他的高足弟子曾参的了解而他所没有否认的便是“忠恕”，忠恕只是一种态度，是“仁”的积极和消极两方面。恕便是他所谓人人可以终身奉行的一个字，意义是“己所不欲，勿施于人”。忠的广义是“己欲立而立人，己欲达而达人”。忠的狭义是尽自己对他人的责任，甚至不顾任何的牺牲；“可以托六尺之孤，可以寄百里之命，临大节而不可夺也。”这种忠也就是勇了。所以说“仁者必有勇”。仁、勇，再加上智便是孔子心目中的全德。

第六节　孔子的晚年

孔子从卫归鲁，至迟当在哀公十二年春天之前，是年春季氏因为增加军赋的事咨访孔子。此时孔子已俨然一个国老，公卿不时存问、馈遗，国政也有资格过问。哀公十四年齐大夫陈恒弑君，孔子便斋戒沐浴，然后上朝，请求讨伐。和陈一丘之貉之三桓，虽能遏阻鲁国的义师，却不能遏阻孔子的义言。

和孔子的声望同时增加的是他的门徒，和门徒所带来的“束脩”之类。此时他的生活很可以当得起一个退职的司寇：行则有车代步；衣则“缁衣（配以）羔裘，素衣麑裘，黄衣狐裘”；食则“饭不厌精，脍不厌细……失饪不食，不时（不合时的菜）不食，割不正不食，不得其酱不食……沽酒市脯不食”；回思在陈绝粮时的情景，已成隔世了。但那样的晚福他并不能久享。

哀公十六年（前 479 年）四月（即“夏历”二月），他卧病七日而死，享寿七十四岁。

孔子死后，门弟子把他葬在鲁都城北泗水边，并且为他服丧三年，然后洒泪分手。诸弟子和别的鲁人依孔子冢而居的有一百多家，名为“孔里”。冢前的空地，成了鲁儒举行乡饮、乡射等典礼的场所。城中孔子的故居被辟为他的庙堂，内藏他的衣冠、琴、车、书籍和礼器；孔门的儒者继续在其中学习礼乐。此后历尽四百年的兴亡和兵革，这庙堂里未曾歇过弦歌声。

孔子死后六年而越灭吴，又七十年而晋国三分，战国时代开始。

第五章　战国时代的政治与社会

第一节　三晋及田齐的兴起

春秋时代的历史大体上好比安流的平川，上面的舟楫默运潜移，远看仿佛静止；战国时代的历史却好比奔流的湍濑，顺流的舟楫，扬帆飞驶，顷刻之间，已过了峰岭千重。论世变的剧繁，战国的十年每可以抵得过春秋的一世纪。若把战争比于赌博，那么，春秋的列强，除吴国外，全是涵养功深的赌徒，无论怎样大输，绝不致卖田典宅；战国时代的列强却多半是滥赌的莽汉，每把全部家业作孤注一掷，每在旦夕之间，以富翁入局，以穷汉出场，虽然其间也有一个赌棍，以赌起家，终于把赌伴的财产骗赢净尽。

这变局怎样造成的？因为春秋战国之交记载特别残缺，我们还不能充分知道。但有一点可以确说的：先后参加这国运的狂赌的列强，即所谓七雄者，其中除燕国在春秋末期和战国初期的历史完全是空白外，其余赵、魏、韩、田齐、楚和秦，我们都知道是曾起过一番政治经济的大变革，曾把封建的组织加以人工地有计划地摧毁的；前四国本身并且就是政治革命的产物。

赵、魏、韩即所谓三晋。它们的前身是晋国的三个封区。赵氏的祖先本是累代替周王御车的。穆王时，著名的神御造父以功封于赵，因以邑为氏。造父的七世孙赵叔带，因为幽王无道，脱离周室，往仕晋国。后来晋献公用赵夙做“御戎”（战时御君车的），毕万为副，以灭耿、灭霍、灭魏。临到论功行赏，把耿给了赵夙，把魏给了毕万。此时赵氏在晋国始有了根据地，而毕万始建魏氏。韩氏也以封邑韩原得名，其受封略后于魏氏，唯确实年代不可考。前583年，晋景公听信谗言，疑赵氏谋叛，把这一家几乎杀尽了，把它的田邑没收了，因韩氏的劝谏，景公才复封赵氏一个仅存孤儿。这件故事，后经点窜，成为一件很动人的传说；我国在18世纪间最先传译于欧洲的一部戏剧《赵氏孤儿》，是以这段传说做底子的。赵氏复嗣后，不到四十年，成为把握晋国政权的六卿中最强的一族。所谓六卿包括上说的三家和范氏、中行氏、智氏。范、中行氏后来和赵氏火并；内乱连年的结果，二氏于前492年（孔子卒前十二年）被逐出晋国。他们的土地终于归入其余的四家。前465年，智伯又胁迫着韩、魏和他合兵攻赵，把赵襄子围在晋阳。联军决汾水灌城，只差三版便把全城淹没。临到城快要破的时候，韩、魏却突然和赵勾结起来，把智伯杀掉，把他的土地也瓜分了。不久公室的土地也被分割到只剩下可忽略的数量，晋君竟卑屈到要去朝见三家的大夫，他后来的命运这里也可以不表了。前403年，周威烈王竟把三家的大夫升格为侯。通常以这一年为战国时代的开场。于是三个新国出现于历史的舞台上：魏占有旧晋的中部和西南部，都于安邑（今山西夏县），赵占有旧晋的北部，都于中牟（今河北邢台与邯郸之间），韩占有旧晋的南部，都于阳翟（今河南禹州市）。开国初的四十年内，三晋先后把国都迁到最适宜于向外发展的地带。赵南徙邯郸（今河北邯郸市）；韩灭郑，即以郑都为新都（今河南新郑）；魏则东徙大梁（今河南开封）。

三晋建侯后十七年（前386年）而齐的蜕变也完成。这年齐大夫田氏托魏文侯请得了周王的册命，升格为侯。田氏即陈氏（陈田古音相同，春秋的记载用陈，战国的记载用田），它的始祖乃是陈国的一个公子，名完，和齐桓公同时的。公子完避乱奔齐，甚得桓公的宠悦，仕为"工正"，以祖国的名号为氏。传说公子完在本国娶亲之前，他的岳家为婚事问卜，得到下面的谶辞：

凤凰于飞，和鸣锵锵。
在妫之后，将育于姜。
五世其昌，并于正卿。
八世之后，莫之与京。

这神验的预言无疑地是事后追造的。所谓五世，便是弑齐简公的罪魁，孔子所要讨伐的陈恒。陈恒既立新君，便专齐政，把国内稍强大的贵族尽数锄去，只把自己的封地增加到多过齐君的采地。陈恒的儿子继做齐相，更把齐都邑的大夫尽换了自己的宗人，再传两世到田和，恰好遇着一个沉迷于酒色的齐康公。田和索性把他迁海边，留一个城邑给他过快活的日子，而自己践登侯位。

政变的潮流不久又波及周室。三晋和田齐的建国还须借重周王的册封。但三晋受封后三十五年，韩赵便过河拆桥，合兵攻周，扶植两个有力的王亲，把周室分裂为二：东周都于洛阳的旧王城，西周都于巩。此后周王的力量还比不上从前一个侯国里的小封君了。

第二节　魏文侯、李克、吴起

政权的转移每牵连到政制的改革。三晋和田氏，在地盘的扩张中，各把国内林立的小封君陆续兼并了，最后连公室也消灭了。在建国之前，即在竞争生存的时期，它们为免实力的分散，不能把新得的土地多所割封。齐晋旧有的小封君于是逐渐被非世职而无采邑的地方官吏所替代。当四氏建国时君主集权的局面同时成立，它们没有回到旧路的需要，而且权力这东西原是易握难放的，虽然此后这四国和同时的其他各国，偶然也把土地封给功臣或子弟，但受封的人数既绝少，每个封区若不是寥寥的数城或十数邑便是荒野的边地，绝不足和中央抗衡的。战国时代的国家，先后都向君主集权的路走，而最先走上这条路的是三晋和田齐。

这新建的四国当中，魏的新气象为最显著，它们的创业君主当中也以魏文侯为最英明。他开战国招贤养士的风气，在他的朝廷汇聚了国内外的人才。其中最可注意的除孔子的门人子夏外，有李克（或作李悝）和吴起。

（一）李克，魏人，是子夏的弟子，做了文侯的卿相，他是我国第一个大法律家，手定魏国的新法典。后世所传他的《法经》六篇大约就是这法典的底稿。《法经》是我国第一部详细的律文，可惜已经亡佚了；我们只知道其中一篇叫作《网经》，是关于盗贼的劾捕的；另一篇叫作《杂律》，有轻狡、越城、博戏、借假、不廉、淫侈、逾制等条目。李克又替文侯改定税法。从他自己所述这新税法的提议中，很可以看出当时农民生活的情形，现在把原文抄在下面：

粜，甚贵伤民，甚贱伤民。民伤则离散，农伤则国贫。故甚贵与甚贱，其伤一也。善为国者，使民无伤而农益劝。今一夫挟五口，治百田亩。岁收，亩一石半，为粟百五十石。除十一之税十五石，余百三十五石。食，人月一石半，五人终岁为粟九十石，余有四十五石，石三十（每石值三千钱），为钱千三百五十。除社闾、尝新、春秋之祠用钱三百；余千五十。衣，人率用钱三百，五人终岁用千五百，不足四百五十。不幸疾病死丧之费及上赋敛，又未与此。此农夫所以常困，有不劝耕之心，而令粜至于甚贵者也。是故善平粜者必谨观岁，有上、中、下熟。上熟其收自四（收获为平时的四倍），余四百石；中熟自三，余在百石；下熟自倍，余百石。小饥则收百石，中饥七十石，大饥三十石。故大熟则上粜三而舍一（将农民所余四百石取去三百石），中熟则粜二，下熟则粜一，使民适足，价平则止；小饥则发小熟之所敛，中饥则发中熟之所敛，大饥则发大熟之所敛，而粜之（放给农民）；故虽遇饥馑水旱，粜不贵而民不散，取有余以补不足也。

这新税法的实行，是战国的初年魏国富强的主要原因之一，但不知道它到底实行了多久。

（二）吴起，卫人，或说魏人。曾从曾子和子夏受学。他是战国著名的兵法家，有兵书传后（已佚，今本乃伪托）。他曾给文侯将兵大败秦国，后来任西河守，抵御秦、韩、魏甚得力。他将兵和最下级士卒吃着一样，睡不铺席，行不用车马，亲自负粮，和士卒分劳苦，因此大得军心。

吴起在魏国以军事显。但他的政治本领却留在楚国发挥。文侯死后，嗣君武侯，因受离间，对他生了疑心，他怕得罪，走去楚国。不久楚悼王任他做令尹。这时距吴人入郢有一百二十多年，楚灭了陈、蔡、杞、莒之后，疆宇大展，其国都久已迁回郢邑。吴起把三晋“明法审令”的一套介绍了过来，又教悼王把坐食无用的冗官悉数裁汰，把公族疏远的废掉，省下钱来养兵练兵，又把一部分贵族强迫迁徙，以实国中空虚之地；又替悼王立了一条新法，令每个封君的土地传过三世之后得交还国家，这就是说，用缓进的手段把封建制度推翻。因为这些改革，吴起成了楚国的贵族的怨府。悼王一死（前381年），他们便暴动起来，围攻吴起，吴起只得匿伏在王尸旁边。在刀箭纷集之下吴起和王尸一齐糜烂。太子正位后，借着毁坏王尸的“大不敬”的题目，大加株连，坐罪灭族的有七十多家。楚国的贵族几乎被一网打尽。楚国的新局面也就成立。

吴起死后二十年而秦国开始变法。

第三节　秦的变法

秦的发祥地在渭水上游的秦川的东岸（今甘肃天水市境），周孝王时，嬴姓的非子因替王室养马蕃息的功劳，受封在这里，建立了一个近畿的“附庸”。宣王时，秦庄公以讨伐犬戎有功受命为西垂大夫。及平王东迁，秦襄公带兵去扈卫，平王感念他的殷勤，才把他升在诸侯之列。这时畿内的丰岐一带已沦入犬戎，平王索性更做一个不用破费的人情，把这一带地方许给了秦，假如它能将犬戎驱逐。此后秦人渐渐地东向开拓，到了穆公的时代，更加猛进。穆公是春秋的霸主之一。他曾俘获了晋惠公，拿来换取晋国的河西地方；又灭梁、灭芮，都是黄河西岸与晋邻近的小国。他又潜师远出，希图灭郑，若不是郑商人弦高把噩耗发现得早，向祖国报讯得快，秦的铁手此时也许便伸入中原了。秦的东侵是晋的大忌。秦师这次由郑旋归，晋人也顾不得文公新丧，墨绖兴兵，把他们拦路截击，杀个惨败。后来穆公虽报了此仇，他东向的出路到底给晋人用全力扼住了。他只得回过头去“霸西戎”，结果“兼国十二，开地千里”。穆公死时（前 621 年），秦人已占有渭水流域的大部分，已奠定一个头等国的基础。但此后二百多年间，秦的内部停滞不进，而晋始终保持着霸国的地位，继续把秦人东出的路堵住。

当战国开场的前后，秦在“七雄”中算是最不雄的一国，自前 428 年以降，四十多年间，它的政治出了常轨，大权落在乱臣。在这时期中，它有一个君主被迫自杀，一个太子被拒不

商鞅方升

得继位，另一个君主和母后一同被弑，沉尸深渊。魏人乘秦内乱，屡相侵伐，并且夺回穆公所得到的河西地方。

穆公的霸图的追续是自献公始。他即位的次年（前383年）便把国都从雍（今陕西凤翔）东迁到栎阳（今陕西临潼东北）。他恢复君权，整饬军旅，两败魏师。但秦国更基本的改革，更长足的进展，还要等待继他位的少年新君孝公和一个来自卫国的贵族少年公孙鞅。

公孙鞅原先游仕在魏。传说魏相公叔痤病到要死时，魏君（即日后的惠王）请他举荐继任的人，他便以卫鞅对。魏君默然不语。公叔痤更嘱咐道：若不用这人，必得设法把他杀掉，勿令出境。魏君答应去后，公叔痤立即唤叫卫鞅前来，把刚才的谈话告诉了他，劝他快走。他不慌不忙答道：魏君不能听你的话用我，又怎能听你的话杀我呢？后来闻得孝公即位，下令求贤，他才挟着了李悝的《法经》，走去秦国。

前359年（孝公三年），孝公用卫鞅计颁布第一次的变法令。这令的内容包括两方面：一是刑法的加严加密，人民以十家或五家为一组，若一家犯法，其他同组诸家得连同告发，知情不举的斩腰；告发本组以外奸恶的与斩敌首同赏，藏匿奸人的与降敌同罚。二是富强的新策，凡不做耕织的游民收为公家的奴隶，努力耕织多致粟帛的人民免除徭役；家有两男以上不分居的纳加倍的人口税，私相殴斗的分轻重惩罚；非有军功的人不得受爵；服饰、居室和私有的田土奴婢的限度，按爵级区别，因此没有军功的人虽富也不得享受。这新法施行十年后，秦国家给人足，盗贼绝踪，百姓从诅咒转而歌颂。这新法的成效更表现在卫鞅的武功，前 352 年，他亲自领兵征魏，把魏的旧都安邑也攻破了。此役后二年，卫鞅又发动第二步的改革，把国都迁到渭水边的咸阳，在那里重新筑起宏伟的城阙和宫殿；统一全国的度量衡，把全国的城邑和村落归并为三十一县，每县设县令、丞（正副县长），把旧日封区的疆界一概铲平，让人民自由占耕未垦辟的土地，让国家对人民直接计田征税。第二步改革完成后，卫鞅于前 340 年又领兵征魏，把魏将公子卬也虏了回来。于是孝公封卫鞅于商，为商君，后人因此称他为商鞅，但他的末日也快到了。先时第一次变法令公布后，人人观望怀疑。适值太子犯法，卫鞅便拿他做一个榜样，把他的师傅公子虔黥了。后来公子虔自己犯法，又给卫鞅劓了。前 338 年孝公死，太子继位后的第一件大事便是把商鞅族诛。但商鞅的政策却继续被采用。

秦地本是戎狄之区。西周的京畿虽建在其上，文明的透入始终不深，好比一件锦衣覆着襤褛。周室东迁后，锦衣一去，便襤褛依然。直至孝公变法时，秦人还不脱戎狄之俗。例如他们还父兄子弟和姑媳妯娌同寝一室，这大约是沿着游牧时代以一个帐幕为一家的经济办法。这种陋俗经商鞅的严禁才消灭。又例如秦国道地的音乐，直至战国晚年，还是“击瓮叩缶，弹筝搏髀，而歌呼呜呜”。没有受文明的雅化，也就没有受文明的软化。在六国中秦人是最犷野矫健的。商鞅的严刑峻法给他们养成循规蹈矩的习惯，商鞅的特殊爵赏制度使得对外战争成了他们唯一的出路。以最强悍，最有纪律的民族，用全力向外发展，秦人遂无敌于天下。

商鞅死后约莫七八十年，赵国的大儒荀卿游秦。据他所记，这时商鞅变法的成绩还历历可见。荀卿说：

> （秦之）国塞险，形势便，山林川谷美，天材之利多，是形胜也。入境观其风俗：其百姓朴，其声乐不流（淫荡）污（猥亵），其服不挑（佻），甚畏有司而顺。……及都邑官府：其百吏肃然，莫不恭俭、敦敬、忠信。……入其国（首都），观其士大夫……不比周，不朋党，倜然莫不明通而公也。……观其朝廷，其朝（早）间听决，百吏不留，恬然如无治者。

荀卿的弟子韩非也说：

> 今……（六国）言赏则不与，言罚则不行。赏罚不信，故士民不死也。今秦出号令而行赏罚，有功无功，相事也。……是故秦战未尝不克，攻未尝不取，所当未尝不破。

信赏必罚正是商鞅的政术。

荀卿又曾比较齐、魏和秦的强兵政策道：

> 齐人隆技击。……得一首者则赐赎锱（八两）金，无本赏矣（本赏大约是指战胜攻取之赏）。是事小，敌毳（脆），则偷可用也；事大，敌坚，则涣然离耳。……是

亡国之兵也。……魏氏之武卒，以度取之（按一定标准挑选）：衣三属（层）之甲，操十二石之弩，负服矢五十个，置戈其上，冠胄带剑，赢（背）三日之粮，日中而趋百里。中试则复其户（免除赋役），利其田宅（给以好田宅）。是数年而衰，而未可夺也（合格的武卒，几年后便衰弱不可用。但其特权却不能剥夺）。……是故地虽大，其税必寡，是危国之兵也。秦人，其生民也狭厄（给人民的生路狭隘），其使民也酷烈。……忸（狃）之以庆赏，鳝之以刑罚，使……民所以要利于上者，非斗无由也。厄（压迫）而用之，得而后功之（胜利才算功，不但计首级），功赏相长也。……故齐之技击，不可以遇魏氏之武卒；魏氏之武卒，不可以遇秦王之锐士。

所说齐魏的兵制，不知创行于何时，所说秦国的兵制正是商鞅所创的。

第四节　经济的进步与战争的变质

三晋建侯和商鞅之死，是世变程途中的两大块“记里石”。环这两大事件的一世纪左右（约前420至前320年）是一个大转捩的时期。在我国史上，恐怕只有从鸦片战争到现在的一段可以和它相比。不独春秋的四霸在这时期里先后蜕去封建的组织而变成君主集权的七雄；其他好些在春秋末叶已发端的趋势，如工商业的发达，都市的扩大，战争的剧烈化，新知识阶级的兴起，思想的解放等等，从这时期以下，都加倍显著。七雄的

〔清〕袁江《阿房宫图》

树立，前面已表过；新知识阶级的兴起和思想的解放，详于次章，其他各端附记于此。

在春秋末叶，虽然已有和小封君一般阔绰的商人，但似乎还没有用奴隶和佣力支持的大企业。但在战国时代这种企业却出现了。以现在所知，和商鞅同时而稍后的，有一个洛阳大实业家白圭，“能薄饮食，忍嗜欲，节衣服，与用事僮仆同苦乐”；他“趋时若猛兽鸷鸟之发”。他自己说：“吾治生产，犹伊尹、吕尚之谋，孙、吴用兵，商鞅行法。”白圭不独是后世言治生术的始祖，并做过魏惠王的大臣，受过封邑，提倡过“二十而税一”的制度，又以善治水筑堤著名，自言“丹（白圭本名）治水也愈于禹”，他全然是一个战国时代的张南通。可惜关于他的史料太缺乏了。白圭所经营的主要是谷米和丝漆业。此后

战国时代见于记载的大企业家，有以制盐起家的猗顿，有铁冶成业的邯郸郭纵（二人的正确年世不详），皆是富埒王者；有“畜牧大王”乌氏倮，他的牛马多至不能以头数，而用山谷量，他因此得到秦王政的优礼，地位侔于封君，岁时和列臣同赴朝请；又有巴蜀寡妇清，承受了擅利数世的丹穴，而能保守财富和贞操，因此得到秦王政的敬仰，为筑“女怀清台”。与工商业的发展相偕的是货币的进步和都市的扩大。铜钱的制造，不知始于何时，它的普遍的使用和多量通流当是春秋战国之交的事。文化较落后的秦国到前 336 年（商鞅死后一年）才开始行钱。黄金的用作货币最早亦当在战国初年。终春秋时代，国际间的贿赂以及君主对臣下的大宗赏赐没有用黄金的；但在战国时代此等贿赂和赏赐则用黄金为常了。当春秋晚年，除国都外，

“千室之邑”已是标准的大邑，其时任何国都的人口虽不见于记载，我们即使算头等国的国都都比标准的大邑大十倍，也不过有一万户。但入战国时代，“万家之邑”已很普通。而齐的临淄，约在商鞅死后不久，人口已上七万户。“其民无不吹竽鼓瑟，弹琴击筑，六博蹋鞠者。临淄之途，车毂击，人肩摩，连衽成帷，举袂成幕……”。洛阳在战国末年户数在十万以上。都市中物质文明的进步，从贵豪家的生活可见。《楚辞》中的《招魂》一篇（一说屈原作，一说屈原的弟子宋玉作），于楚国贵豪的生活有一段极精致的描写，引录于下：

高堂邃宇，槛层轩些。层台累榭，临高山些。网户朱缀，刻方连些。冬有穾夏，夏室寒些。川谷径复，流潺湲些。光风转蕙，泛崇兰些。经堂入奥，朱尘筵些。砥室翠翘，絓曲琼些。翡翠珠被，烂齐光些。蒻阿拂壁，罗帱张些。纂组绮缟，结琦璜些。……红壁沙版，玄玉梁些。仰观刻桷，画龙蛇些。坐堂伏槛。临曲池些。芙蓉始发，杂芰荷些。紫茎屏风，文绿波些。文异豹饰，侍陂陀些。轩辌既低，步骑罗些。兰薄户树，琼木篱些。……室家遂宗，食多方些。稻粢穱麦，拿黄粱些。大苦咸酸，辛甘行些。肥牛之腱，臑若芳些。和酸若苦，陈吴羹些。濡鳖炮羔，有柘浆些。鹄酸臇凫，煎鸿鸧些。露鸡臛蠵，厉而不爽些。粔籹蜜饵，有𫗦餭些。瑶浆蜜勺，实羽觞些。挫糟冻饮，酎清凉些。华酌既陈，有琼浆些……肴羞未通，女乐罗些。陈钟按鼓，造新歌些。涉江采菱，发扬荷些。美人既醉，朱颜酡些。娭光眇视，目层波些。被文服纤，丽而不奇些。长发曼鬋，艳陆离些。二八齐容，起郑舞些。衽若交竿，抚案下些。

竽瑟狂会，搷鸣鼓些。宫庭震惊，发激楚些。吴歈蔡讴，奏大吕些。

我们若拿这一段和上引李克关于农民的描写并读，便看见人间的天堂和地狱。

与都市的繁荣相符的是交通的进步。当孔子之世，从吴都往郲国至快的行军要走三个月。但当战国初年，从鲁都往楚都郢，个人的旅行，十昼夜便可抵达。这种进步似乎不由于运输工具上的新发明，而由于道路的开辟。而道路的修治多半由于军事上的需要。我们可以推想当春秋战国之际，我国在交通上曾起过一次大革命：许多国家，为侵略用兵的便利，都“堑山填谷”，以修筑新道路。此事虽然史无明文，但我们从下引战国人所传的两件故事可以得到一点消息：（一）中山国（在今滹沱河以北）有一部落叫作𠘯繇，智伯想灭掉它，却无路可通。于是铸了一个大钟，用两辆骈列的大车载着，要送给𠘯繇的君长。这君长于是“堑岸堙谷”，开路迎钟。智伯的军队却跟在大钟后面，把𠘯繇灭掉。（二）秦惠王想灭蜀，但山路险阻，兵路不通。于是雕了一只大石牛，每天派人秘密在它后面放一堆黄金，扬言石牛便金。他把这异宝赠给蜀侯。蜀侯于是“堑山填谷”，开路以迎石牛。秦惠王的军队，却跟在石牛后面，把蜀灭掉。这两件故事虽然未必全真，至少反映战国人对军事影响交通的认识。

顾名思义，战国时代的特色乃在战争。这时代的战争，在质量上都大变春秋的旧样。第一，直至春秋末年，最大的晋、楚两国，其兵力不过四千乘左右，以一乘战士十人计算，也不过四万人，再加一倍也不过十万人；而战国的七雄中秦、楚、齐、赵，各有“带甲百万”以上；韩、魏、燕的兵力也不下六十万。第二，春秋时代的国防，其初只注意首都，后来才陆续给近边冲要的邑筑城。但除了少数有城的都邑外，其余的地方，敌国的军队可以随时通过，如入无人之境。但在战国时代，各国当敌的边境都筑起长城和堡垒，这表明国际的生存竞争已到了丝毫不能放松的地步了。第三，在春秋时代，征战的目的以取俘夺货，屈敌行成为常例；以占夺土地，残杀敌人为例外。在战国时代，则征战的目的以占夺土地，残杀敌人为常例，而仅只取俘夺货，屈敌行成为例外。国家对兵士，以首级论功，每次战争动辄斩首十万八万，甚至二十万，甚至一坑四十万。我们的辞典中最凶残的“屠城”一词是在战国时代出现的（见《荀子·议兵篇》）。“师之所处必生荆棘”“大兵之后必有凶年”，都是这时代人形容战祸的实话。第四，战争工具在这时代也大有进步：以前的兵器全是用铜的，此时已渐渐地代以铁和钢；以前纯用车战，只适宜于平原，而不适宜于山险，调动也很迟缓，此时则济以骑兵和步卒。此外攻城有“云梯”的器械，舟战有“钩拒”的器械，都是战国初年，鲁国一个大工匠公输般所发明的。第五，战争的技术在战国时代日益专门化了。当春秋之世，各国的军事领袖都是兼管民政的封君，纯粹的武将是没有的。战国初期大政治家像李悝、吴起、商鞅……都是能带兵出阵的，但自此时以降，文武渐渐分途。专门的名将如孙膑、穰苴、白起、王翦、廉颇、李牧等相继出现。专门化的趋势并且及于至少一部分常备的兵士。他们合格的标准已被提高。他们所受的训练，也更加繁重。他们和临时征发农民充当的兵卒已有天渊之别。从上引荀卿所说魏国的武卒可见一斑。因为统治者对军士的重视，民间也开始有结合团体，专习武技或兵法以供统治者选用的。这类团体中最著名的是墨翟所领导的“墨者”们，下文再将叙及。军事专门化之另一表征是兵书的撰著。我国重要的“武经”，如吴起的《吴子》、孙膑的《孙子》、穰苴的《司马法》、墨家的《备城门》等五篇，和尉缭的《尉缭子》，全是战国时代的产品。

第五节　国际局面的变迁

晋国的西南角给黄河缘了一层，外面又给山地缘了一层，即属于所谓“表里山河”的地带，也就是扼着秦人东向出路的地带。这一部分的晋境，给魏国承受了。魏一日保持晋的霸威，秦一日不能大有发展。

魏文侯本已先秦孝公而著鞭。当战国开场的六十年间，魏是风头十足的一国。在它西边的秦，东边的齐，南边的韩、楚，北边的赵，没有不受过它的侵略。前 353 年它把赵都邯郸也攻破了，并且继续占据了两年，因为齐国的压迫才退出。前 342 年魏又伐韩，韩求救于齐，齐将用了一个和吴起齐名的兵法家孙膑做军帅，依他的计，领兵直捣魏的首都大梁。次年魏军还救，大败于马陵；十万雄师，一朝覆没，主帅太子申和将军庞涓都送了命。次年内，齐、秦、赵又连接向魏进攻（商鞅第二次征魏即在此时），连接把它打败。不久楚人也乘机来报复。计马陵之战后二十余年间秦对魏五次用兵，魏对秦两次献地，秦人不独夺回河西，并且侵入河东、河南。

在四面受敌之下，魏君（后来的惠王）用了大哲学家惠施的计策，向齐国屈意修好；后来又用他的计策，于前334年和齐君相会于徐州，互认为王。这是魏人联络齐人的一种手段呢，抑或是抵制当时秦国挟周室以令诸侯的计策呢？恐怕两般都有。与齐魏同时，燕、赵、中山（即春秋时的白狄国鲜虞）亦称王，其后秦、韩、宋亦继步。从此周室的余威完全消灭了，从此“尊王”的招牌再没人挂了，旧时代所遗下的空壳已被打破了，新时代的幕已被揭开了。列国已毫无遮掩地以狰狞的面目相对，以血染的锋刃相指，再不用寻觅题目，以为夺地攻城的口实了。

虎狼的秦国既已“出柙”，六国的最大问题便是怎样应付它。六国的外交政策不出两途，即所谓“合从（纵）”和“连衡（横）”，或简称“从”和“衡”。依韩公子非在他的遗书里所下的界说：

> 从者，合众弱以攻一强也；
> 衡者，事一强以攻众弱也。

所谓一强，不用说是秦国了。秦在西方，六国皆在其东。六国中任何一国与秦国的结合是东西的结合，东西为横，故称连衡；六国共相结合是南北的结合，南北为纵，故称合从。合从当然是六国最安全的政策，也是秦人最惧怕的政策。直至后来六国都被证明已消失了单独抗秦的力量时，据荀卿的观察，秦人还是“諰諰然常恐天下之一合而轧己”。不过合从政策的持久有很大的困难。第一，除了些残余的可忽略的泗上小侯，如鲁、卫、邹（即春秋时的邾国）、滕……外，没有一个国家愿意维持现状，没有一个国家不想乘四邻的间隙扩张领土，便是不在七雄之列的宋，也经过东征西讨的回光返照之后才给齐国灭掉（前286年）。合从，则六国的出路只有一条，向秦进攻，而秦却不是好惹的。合从政策和六国的“帝国主义”根本冲突。第二，齐、燕两国，距秦遥远；秦的东侵，直到很晚，还没有给他们以切肤之痛，因此它们对于合从运动的热心很容易冷下去。反之魏、楚、韩、赵，因为邻接秦国；它们一和秦绝交，外援未可必，而秦军先已压境；就因为始终怕吃一点眼前亏，他们很容易被秦人诱入“亲善”的圈套，而破坏从约。因此，战国时代的国际关系，好比时钟的摆，往复于合从、连横之间；每经一度往复，秦国的东侵便更进一步，六国的抵抗力便更弱一些。

自魏衰后，六国中声势足以与秦相埒、力量足以左右世局的唯有楚和齐，这两国若再倒坍，秦人“统一天下”的幸运便注定。下文略述楚和齐在纵横捭阖的变化中被削弱的经过。其他六国自相残杀和秦人脔割三晋的惨史，这里不必细表。

前 318 年六国第一次合从攻秦，以楚怀王为从长。但实际上参战的只有韩、赵。次年，这两国的兵给秦大败于修鱼（韩地），齐又倒戈攻赵、魏，这首次从约，不待秦破坏先已瓦解。越一年，秦灭蜀，并灭巴，国境增加原有的一倍以上，与楚的巫郡、黔中相接。于是秦人开始图楚。最为秦人所畏忌的是齐、楚的结合，秦人于是以商於之地六百里的许让为条件，诱得楚怀王与齐绝交，旋即食言。怀王大怒，于前 312 年，发兵攻秦。秦胁韩助战。大败楚军于丹阳，斩首八万，虏楚主将及裨将七十多人，并且占领了楚的汉中（汉水上游陕西湖北接界的一带地方），怀王越怒，再以倾国的兵袭秦。战于蓝田，又是一败涂地。韩、魏还趁火打劫，侵楚至邓。次年秦又攻楚取召陵。自汉中失，郢都的西北屏藩撤，楚的国威大挫。其后不久（前 307 年？）楚虽承越国内乱，攻杀越王无疆，尽取故吴地至浙江。所得还不足以补偿它这次的损失。

前306年（？）齐又提议合从，自为从长，邀楚参加，这时正是楚人复仇的机会了，怀王也答应参加了。但一会受了秦人诱惑，忽然变起卦来，竟和秦国互结婚姻。前303年，齐、魏、韩于是便连兵讨楚背约。怀王使太子质于秦，请得秦的救兵，三国才退去。但次年楚太子斗杀秦大夫，逃归。秦人得了这个好题目，便联合齐、韩、魏攻楚方城。接着又给了楚两次的惩创之后，秦忽然和楚“亲善”起来，并且请求怀王亲到秦楚交界的武关会盟。怀王待要不去，怕得罪了秦，又禁不起儿子的催促，便应命而往。他一入关，秦的伏兵便把关门闭起。他被领到咸阳，朝章华宫，如藩臣一般。秦人要他割让巫郡、黔中，以为释放他的条件，他也答应了。但秦要先得地，后放人！他愤而拒绝。在秦国羁留了两年，他试逃归，事泄，秦人截住楚道，他从间道走赵，赵不敢纳，正要往魏，秦兵追至，把他押回，次年，他发病死。秦人把他的尸首送还，楚的老百姓都哀怜他，如像死了亲戚。但过了三年，秦大败韩军，斩首二十四万级之后，投书楚顷襄王（怀王子）道：“楚倍秦，秦且率诸侯伐楚，争一旦之命，愿王之饬士卒，得一善战！”顷襄王给吓得心惊胆战，立即同秦国讲和，次年又向秦国迎亲。

楚怀王死后不久，齐国也由极盛而骤衰。自马陵之战，齐已代魏而为东方的领袖，三晋的君主都向它来朝。其后二十九年（前314年）齐乘燕王哙让位给卿相子之，燕太子逆着民意作乱的时机，出兵伐燕。燕人在离叛的状态之下，连城门也懒得关闭。齐兵不到两个月便攻破燕都；并且继续占据了三年，因诸侯的胁迫而退出。用齐宣王自鸣得意的话：“以万乘之国伐万乘之国，五旬而举之！”这样的武功直至此时，秦人也还没有尝试过。前 296 年，齐遂领着三晋和宋合从攻秦，秦人竟不敢应战。自楚衰后，齐、秦在列国中成了东西突起的两个高峰。为表示它们的特殊地位，秦昭襄王于前 288 年（怀王死后八年），约合齐湣王，同时把尊号升高一级；秦王为西帝，齐王为东帝，这个授议隐然有秦、齐平分天下的意思了。但秦的劝道只是“将欲取之，必固与之”的手段。它一则可以助长齐湣王的骄心，一则可以离间齐和别国的亲交。湣王底下未尝没有看出这诡计的人。所以他称帝后二日，便受劝仍复称王，昭襄王也只得照样。但湣王的帝号虽已取消，他的野心并没有减小。过了两年，他便举兵灭宋。接着又南割楚的淮北，西侵三晋，并且打算吞灭两周。泗上邹、鲁等小国的君主个个震恐，向齐称臣。宋在向戌弭兵之会后，曾先后吞并了曹、滕，在被灭之前已是一个拥有五千乘兵力的四千里之国，而宋王偃，虽然后世的史家把他比于桀、纣，却不是一个无抵抗主义者。灭宋，而齐的国力大大损耗。燕昭王方卑身厚币，筑馆招贤，伺机复仇。他看破了这一点，便于宋灭后二年（前 284 年）联合秦、楚和三晋，大举伐齐。燕将乐毅攻入临淄把三十年前齐军在燕京的暴行照抄一遍。这泱泱大国的首都六七百来年所积的“珠玉财宝，车甲珍器”被劫夺一空。湣王出走，连历卫和邹、鲁，还始终摆着“东帝”的架子，责应供张，却到处碰钉，又走回齐国，结果为莒人所杀。别国的兵饱掠飏归后，燕军继续前进，五年之间，把整个齐国的七十余城，除了莒和即墨外都占领了。并且列为燕的郡县。这两个城之能够支持，因有田单在。田单是齐王室的支裔，初时做临淄市官底下的一个小吏。燕军入齐，他走回故乡安平，教族人把车轴的末端截去，加上铁套。安平破，齐人争路逃奔，多因车轴撞坏，给燕兵追及，掳去为奴。田单和他的族人独得脱身，走避即墨。燕兵围即墨，即墨大夫战死，城中无主。众人公推田单为将军，以抗燕。田单亲负版锸（筑城的用具）和士兵分劳，把酒肉尽量分给部下，把妻妾编在行伍间服务。两军正相持间而燕昭王死（前279年），他的继位的儿子，素与乐毅不睦，又中了田单的反间计，便请乐毅退歇，而用一个蹩脚的将军替代他。乐毅一去，燕军便如枯草败叶一般被田单扫出齐境。然而齐国已被蹂躏得体无完肤了，此后直至灭亡之前是它“闭门养疴”的时期。

东帝已被打倒了，秦人可以放胆为所欲为的了，时局急转直下了。燕昭王死前一年，秦将司马错由蜀道攻占楚的黔中。又过二年，秦将白起出汉中，攻破鄢郢。把楚先王陵墓的宏伟建筑，付之一炬，楚兵溃散不战，楚王狼狈迁都于陈国的故城；后来还不放心，又迁都于寿春（今安徽寿县）。秦人破鄢郢之后，即把它占领置为南郡。次年蜀郡守又占领楚的巫郡及江南。计四年之间，楚国蹙地殆半。结果它还是只得向秦求和。秦便暂时把它放下，而专力去宰割三晋，前260年，白起的远征军败赵于长平（今山西高平市西北），活埋降卒四十万。赵的壮丁几乎在此役死尽。又四年，秦灭西周，西周君赴秦顿首受罪，尽献所属邑三十二，逃剩的人口三万户和一些未散的宝器。同年周赧王死，再没人给他立后。周朝的残喘也断绝了。此时秦人正好打铁趁炉热地去吞并六国。但此时昭襄王已衰老，名将白起已被猜疑而诛死，而继昭襄王的两个君主，一个只享祚三日，一个只享祚三年，最后秦王嬴政又以冲龄践位，政权暂时落在母后和权相手中。因此秦人统一的大业被耽搁了二十多年，我们正好借这空闲，从喋血的战场转到历史中比较平静的一角。

第六章　战国时代的思潮

第一节　新知识阶级的兴起

当封建时代的前期贵族不独专有政权和田土，并且专有知识。闲暇和教育是他们所独享，《诗》《书》《礼》《乐》完全与平民绝缘，在封建组织演化中，贵族的后裔渐渐有降为平民的，知识也渐渐渗入民间，初时在野的学人有两种，一是躬耕食力的隐者，二是靠相礼或授徒糊口的“儒”，这两种人在孔子以前都已存在，虽然他们最初出现的时候不能确定。

《诗》三百篇中已有些隐者的诗，例如：

十亩之闲兮，桑者闲闲兮，行与子还兮。
十亩之外兮，桑者泄泄兮，行与子逝兮。

又例如：

衡门之下，可以栖迟。泌之洋洋，可以乐饥。
岂其食鱼，必河之鲂？岂其娶妻，必齐之姜？

〔南宋〕李唐《濠梁秋水图》

这种淡泊自适的胸襟，绝不是没有学养的人所能道的。孔子以前的隐者，也有见于记载的。前 586 年，晋国起了大地震，梁山崩坍，都人惊惧，晋侯派传车去召大夫伯宗来商议，伯宗在半路遇着一辆载重的大车，喝令避开。赶车的人说：与其等待我，不如停车绕道，还来得快些。伯宗见他有胆识，和他问讯。原来他是绛人，问以绛事。答道：梁山崩坍，听说召伯宗来商议。问：伯宗来又怎么办呢？那人答道："山有朽坏的土壤便崩坍下来，可怎么办呢？国以山川为主。若山崩川竭，国君得暂时减却盛馔，除去盛服，停止音乐，改乘缦车（没装饰过），出宿郊外，并且命祝去献币，史去陈辞，以致敬礼，不过如此而已。便伯宗来，又怎么办呢？"伯宗要带他去见晋君，他不答应，后来拿他的话转告晋君，被采用了。这位赶车的隐者，其识见竟敌得过当世晋国最足智多谋的大夫。到了春秋末年，明哲的人隐遁的更多，孔子至有"贤者避世，其次避地"之叹。这辈隐者孔子师徒在游历

的途中，屡有所遇，前面已叙及一例。但这时代的隐者和后来战国时代的隐者不同。他们在思想界是没有势力的。他们乃是真正的隐逸，既不著书立说，也没有当世的声名。他们的言行即使偶然闯入记载里，他们的姓氏也没有流传。

其次说“儒”。这一名词后世成了孔子信徒的专称，原初却不如此。《论语》里记孔子对一位弟子说：“汝为君子儒，毋为小人儒！”可见孔门之外尽多孔子所不取的小人儒。最初的儒，大约是公室氏室所禄养的祝、宗、卜、史之类，因主家的灭亡或衰落，而失去世职流落民间的，他们本来是贵族的“智囊团”，多半是兼通《诗》《书》《礼》《乐》的，所长特别是典礼的娴熟。他们失职之后，便靠帮助人家丧葬祭祀的大事（尤其是丧事）或传授《诗》《书》和《礼》文，以为生活。别的社会分子也有传授他们的衣钵，继续他们的业务的。这辈人渐渐成为社会上一特殊的流品。古礼是他们的饭碗，守旧是他们的习性，文弱是他们的本分。因为他们的比较文弱，所以有儒之称，凡从需的字，大抵有柔缓的意思。他们之中也有堕落到只顾衣食，不讲廉耻，听说阔人有丧事，便率领子姓，如蚁附膻地不请自往；甚至有穷极无聊，乞人禾麦的。这类儒者大概即是孔子所谓小人儒。

伟大的儒者从孔子数起。“君子儒”的理想也是他首先提倡的。他和他的大弟子便是君子儒的榜样。他们也授徒，但不独传授技能，并且传授主义；他们也相礼，但把“礼之本”看得比礼文还重要。而且授徒相礼不过是他们的事业的一部分。他们最大的抱负乃在政治的建树，传统制度的拥护，武王周公时代的礼乐的复兴。孔子以前的儒者也许已有出仕于公室或氏室而做些家臣或邑宰之类的，但有主义、有操守地作政治活动的儒者，却以孔子为第一人。大概孔子死后，到了一个时期，所有的儒者，不分君子小人，或由师承，或由私淑，或由依附，都奉孔子为宗师。因此，儒与“孔子的信徒”合一。

但在春秋末年儒还只有职业阶级的意义而没有学派的意义。因为那时除了儒外似乎没有别的学派，至少别的特树一帜的学派。那时作政治活动的在野知识分子只有儒者。儒之成为学派的名称乃是战国初年的事；乃是有了与儒对抗的学派，即所谓“道术分裂”以后的事。最初与儒对抗的学派是墨翟所领导的墨家，和专替君做参谋、出法令的法家。而墨翟初时是“学儒者之业，受孔子之术”的；初期的法家代表人物，如李克、吴起，都是孔子的再传弟子。在墨家和法家出现以前，在野的知识界差不多给儒包办了。

自墨家和法家兴起以后，那不稼穑、无恒产，而以做官或讲学为生活的知识分子，即所谓“文学游说之士”者，派别日益纷繁。同时在政权的争夺，强邻的抗拒，或侵略的进行当中，列国的君相因为人才的需要，对于这班游士礼遇日益隆重。最著的，如在齐宣王的朝廷中，被爵为上大夫，“不治而议论”的游士一时有七十六人，宣王在临淄稷门外的稷下，“开第康庄之衢，高门大屋，（以）尊宠之”。因此有“稷下先生”的称号。其他来求利禄而未得进身的游士还不知凡几呢。直至燕人之难后，稷下讲学的风气还没有消灭。下文将要叙及的重要思想家中，如孟轲、邹衍、荀卿先后都到过稷下。

第二节　墨子

春秋时代最伟大的思想家是孔丘，战国时代最伟大的思想家是墨翟。孔子给春秋时代以光彩的结束，墨翟给战国时代以光彩的开端。

墨子和孔子同国籍（但墨子一生似乎在宋的时候多）。墨子的降生约略和孔子的逝世衔接。在战国及汉初，孔、墨是两位常被并称的大师，同以德智的崇高和信徒的广众为一般学人所敬仰，虽然汉以后孔子被人捧上神坛，而墨子则被人忘记了。就学术和生活而论，孔、墨却是相反的两极。孔子是传统制度的拥护者，而墨子则是一种新社会秩序的追求者。孔子不辞养尊处优，而墨子则是恶衣粗食，胼手胝足的苦行者。孔子不讲军旅之事，而墨子则是以墨守著名的战士。孔子是深造的音乐家，而墨子则以音乐为应当禁绝的奢侈。孔子不谈天道，而墨子则把自己的理想托为“天志”；孔子要远鬼神，而墨子则相信鬼神统治着人世。孔子卑视手艺，对于请“学稼”“学圃”（种园）的弟子樊迟曾有“小人哉”之讥；而墨子则是机械巧匠，传说他曾创制过一只能自飞的木鸢。

在世界史上，墨子首先拿理智的明灯向人世作彻底的探照，首先替人类的共同生活作合理的新规划。他发现当前的社会充满了矛盾、愚昧，和自讨的苦恼。他觉得诸夏的文明实在没有多少值得骄傲的地方。他觉得大部分所谓礼义，较之从前輆沐（在越东，大约今浙江滨海一带）国人把初生的长子支解而食以求“宜弟”，及以新孀的祖母为接近不得的“鬼妻”而抛去不养等类习俗，实在是五十步之笑百步。看看诸夏的礼义是怎样的！为什么残杀一个人是死罪，另一方面，在侵略的战争中残杀成千成万的人却被奖赏，甚至受歌颂？为什么攘夺别人的珠玉以至鸡犬的叫作盗贼，而攘夺别人的城邑国家的却叫作元勋？为什么大多数的人民应当缩食节衣，甚至死于饥寒，以供统治者穷奢极欲的享乐？为什么一个人群统治权应当交给一家族世世掌握，不管他的子孙怎样愚蠢凶残？为什么一个贵人死了要把几十百的活人杀了陪葬？为什么一条死尸的打发要弄到贵室匮乏，庶人倾家？为什么一个人死了，他的子孙得在三年内做到或装成“哀毁骨立”的样子，叫作守丧？总之一切道德礼俗，一切社会制度，应当为的是什么？说也奇怪，这个人人的切身问题，自从我国有了文字记录以来，经过至少一二千年的漫漫长夜，到了墨子才把它鲜明地、斩截地、强聒不舍地提出，墨子死后不久，这问题又埋葬在二千多年的漫漫长夜中，到最近才再被掘起！

墨子的答案是很简单的，一切道德礼俗，一切社会制度应当是为着“天下之大利”，而不是一小阶级，一国家的私利。什么是天下的大利呢？墨子以为这只是全天下人都能安生遂生，继续繁殖，更具体地说，都能足食足衣，结婚育子。目前全天下人都能做到这一步了吗？不能。那么，墨子以为我们首先要用全力去做到这一步。至少这一步做到后怎办，墨子是没闲心去计及的。在做到这一步之前，任何人的享受，若超过遂生传种的最低限度需求，便是掠夺。“先天下之乐而乐”乃是罪恶。所以墨子和他的门徒实行极端的勤劳和节约。他们拿传说中沐雨栉风，为民治水，弄到腿上的毛都脱尽的大禹做榜样。他们的居室，茅茨不剪，木椽不斫；他们用土簋土碗，食藜藿的羹和极粗的高粱饭；他们的衣服，夏用葛布，冬用鹿皮，结束得同囚犯一样。他们说，非如此够不上禹道，够不上做墨者。按照墨子所找出的一切社会制度的道德根据，好些旧日大家所默认的社会情形，其有无存在的理由，是不烦思索的。侵略的战争是违反“天下之大利”，所以墨子提倡“非攻”；统治阶级的独乐是违反“天下之大利”的，所以墨子提倡“节用”；厚葬久丧是违反“天下之大利”的，所以墨子提倡桐棺三寸，“服丧三日”的礼制。王侯世袭和贵族世官世禄是违反“天下之大利”的，所以墨子设想一个合理的社会，在其中，大家选举全天下最贤的人做天子；天子又选些次贤的人做自己的辅佐；因为“天下……博大，远国异土之民，是非利害之辩，不可一二而明知”，天子又将天下划分为万国，选各国中最贤的人做国君；国以下有“里”，里以下有“乡”；里乡长各由国君选里中乡中最贤的人充任；乡长既然是乡中最贤的，那么全乡的人不独应当服从他的命令，并且得依着他的意志以为是非毁誉；等而上之，全天下人的是非毁誉都得依着天子的意志。如此则舆论和政令符合，整个社会像一副抹了油的机器，按着同一的方向活动。这便是墨子所谓“上同”。

第三节　墨子与墨家

“天下之大利”的反面是“天下之大害”。我们一方面要实现“天下之大利”，一方面要消除“天下之大害”。墨子以为天下的大害，莫如大国之侵略小国，大家族之欺凌小家族，强者智者之压迫弱者愚者，以及一切伦常间的失欢失德，总而言之，即人与人的冲突。墨子推寻人们冲突的根本原因乃在彼此不相爱。假如人人把全人类看成与自己一体，哪里还有争夺欺凌的事？所以墨子又提倡“兼爱”，那就是说，对世上一切人都一视同仁地爱，不因亲疏而分差等。

反对墨家的人说道：兼爱诚然是再好不过的，可惜只是空想，不能实行！墨子答道：天下最苦的事，哪里有超得过“赴汤蹈火”？然而赏罚和毁誉竟能使人甘之如饴。兼爱至少不是“赴汤蹈火”一般的苦事。反之，“爱人者人恒爱之”，所得的报酬真是“一本万利”的。假如有以身作则的统治者拿奖励战死的精神奖励兼爱，拿惩罚逃阵的精神惩罚不兼爱，而社会的毁誉又从而援应之，哪怕人民不“风行草偃”地趋向兼爱？所以“上同”是必要的。

在圣贤的统治之下，大众“兼相爱，交相利”“有余力以相劳，有余财以相分”“老而无妻子者有所待养以终其寿，幼弱孤童之无父母者有所放依以长其身”；整个社会里，没有贫富劳逸的不均，没有浪费和窘迫的对照，没有嫉妒、愁怨或争夺，这便是墨子的理想社会。

墨学在汉以后虽无嗣音，它的精华已为一部分儒家所摄取。所谓“大同”的观念即儒家讲政治所达到的最高境界，见于战国末年所作的《礼运篇》中者，实以墨家言为蓝本。《礼运》说：“大道之行也，天下为公，选贤与能，讲信修睦。故人不独亲其亲，不独子其子，使老有所终，壮有所用，幼有所长，鳏寡孤独废疾者皆有所养。男有分，女有归。货恶其弃于地也，不必藏于己；力恶其不出于身也，不必为己。是故谋闭而不兴，盗窃乱贼而不作，故外户而不闭，是谓大同。”我们试拿这段话和上述墨子的理想比较，便知道它们的符合绝不是偶然的。

墨子不独建设一个新社会的理想，并且在他的能力之内求它实现，他和他所领导的弟子三百余人便是他的理想的具体而微。

在战国的一切学派中，墨家是最特别的。法家者流不过是些异时异地，各不相谋的人物，后世因为他们的方术相同，给以一个共名而已。儒者虽然有时聚集于一个大师之下，也不成为什么组织。唯墨家则是一个永久的、有组织的团体。它的作用兼有技术的传授和职业的合作。这是一个“武士的行会”，它的事业，表面上像是和墨子的主义极端相反的，乃是战斗！不过墨子固然反对侵略的战争，却绝不是一个无抵抗主义者。他知道要消灭侵略的战争只有靠比侵略者更强顽的抵抗。所以他和弟子们讲求守御的技术，制造守御的器械，“以备世之急”。他们受君相禄养，替他们守城。墨家以外，给君相“保镳”为业的“侠士行会”，同时当尚有之，墨家的特色乃在奉行着一套主义，只替人守，不替人攻。平常墨者参加守御的战事固然是受雇的，但有时他们也自动打抱不平。前445年左右，公输般替楚国造“云梯”成，将用来攻宋，墨子在鲁国闻讯，一面派弟子禽滑厘等三百余人带着守御器械在宋城上布防，一面步行十日十夜到鄢郢劝楚惠王罢兵，在惠王面前，墨子解带为城，以衣为械，和公输般表演攻守的技术，公输般攻城的机变出尽，而墨子守器有余，墨子又把禽滑厘等在宋的事实宣布，惠王只得罢兵。

像别的替君相保镖的游侠一般，墨者多半是从下层社会中来的。在同时的士大夫眼中墨子也只是一个“贱人”。这些“贱人”自然不会有儒家者流的绅士架子，他们的生活自然是朴陋的。它们的团体，像近世江湖的结帮一般，是“有饭大家吃，有钱大家花”的。这团体的领袖叫作“钜子”，是终身职，第一任钜子墨翟是大家拥护的，以后的钜子却大概是由前任指定。当墨家全盛时，这整个团体的意志统一在钜子之下。墨翟能使他的任何弟子“赴火蹈刃，死不旋踵”。这团体有特殊的法律，由钜子执行。现在仅得而知的，“墨者之法，杀人者死，伤人者刑”，绝无宽纵。墨子所提倡的种种社会理想，大致是墨者团体内所实行的，也许是以前同类的团体所已实行的。墨子的贡献也许是把这种团体的实际生活类推到极端，扩充到全人类，并且给以理论的根据。

墨子的死年不可确考，但必在前381年吴起之死以前。是年楚肃王穷治杀害吴起的贵族，其中有一个阳城君，墨者钜子和徒弟一百八十余人为他守邑抗官军而死。这钜子已不是墨翟而是孟胜。这一百八十余人的死无疑是墨家的一大损失。但它的损失还有更大的。墨子死后不久，墨家裂成三派，各自以为是正宗，不相上下，甚至互相倾轧。而墨子以后，墨家并没有十分伟大的领袖继起，如像儒家之有孟子、荀子，这也是墨家衰微原因。

第四节　孟子、许行及周官

战国的历史可以分为三期：从三晋建侯（前 403 年）至秦始变法（前 359 年）凡四十四年，是为初期；从秦始变法至秦齐相帝（前 288 年）凡七十一年，是为中期；从秦齐相帝至六国尽灭（前 221 年）凡六十七年，是为末期。

当战国初期，对抗的显学只有儒墨；其时法家者流虽已出现，尚未加入论战的漩涡。到了中期则“百家之学”并起争鸣，而像儒墨法等大家中又分派。在战国思想中，初期好比树干始杈，中期则枝柯交错了。这中期的思想家里头，无论怎样胆大，怎样怪诞的，从劝人学禽兽一般恣情纵欲的它嚣、魏牟到劝人学石头一般无知无觉的田骈、慎到，都应有尽有，这一期的学说现在不能尽述，尤其是内中比较玄奥的哲理，本书因为性质所限，不能涉及。现在只讲这时期的几个代表思想家的人生观以及政治理想。先从儒家中在孔子底下坐第二把交椅的孟子说起。

像墨子一般，孟子也留意全人类的幸福。不过在替全人类的策划中，他们有一点不同。墨子的出身无疑地是窭人子。他知道粒粟寸缕，只有靠血汗才换得来。他“昭昭然为天下忧不足”（用荀子形容墨子的话）。他觉得丝毫物质或精力的浪费是不可恕的罪恶，他觉得人们生在这世上，是来共患难的，不是来共安乐的，至少就目前和最近的将来而论是如此。孟子的家世虽不可知，然而他久游于物力充裕、夸诞成风的齐国，从

〔清〕康涛《孟母断机教子图》

一班被养着来高谈阔论的“稷下先生”中间出来，“后车数十乘，从者数百人，以传食于诸侯”。他对于世事的乐观，活像一个不知稼穑艰难的纨绔子。听他说的：“不违农时，谷不可胜食也；数罟不入洿池，鱼鳖不可胜食也；斧斤以时入山林，材木不可胜用也。”既然如此，人人稍为享乐些，甚至有些人特别享乐些也不为过了。所以他承认统治者厚禄的特权，在他的理想社会里，国家分为三等，上等国的官禄如下表：

庶人在官者 禄相当于百亩的出产

下士　如庶人在官者同禄

中士　禄二倍下士

上士　禄四倍下士

大夫　禄八倍下士

卿　禄三十二倍下士

国君　禄三百二十倍下士

不过孟子这个表与其说是替当时的统治者张目，毋宁说是制裁他们，因为他们实际的享受绝不止此。这时小至一个县令，身死以后，子孙也能累世乘车呢！

与孟子同时有一位楚人许行，他托为神农（神话中发明耕稼的圣帝）之言，提倡统治者和被统治者在经济上的绝对平等。他以为国君应当废掉府库，“与民并耕而食”。又主张用政府的力量规定物价：“布帛长短同则价相若，麻缕丝絮轻重同则价相若，五谷多寡同则价相若，履大小同则价相若”；如此则“市价不二，国中无伪”，同时也再没人肯费力去制造华美的东西，奢侈不禁自绝了。

许行闻得滕国（齐、楚间小国）新即位的文公要行仁政，便率领弟子数十人来到滕都。他们虽受文公的礼遇，还穿着短衣，织席出卖以为生活。同时在宋国的儒者陈相，也受文公的吸引，和兄弟陈辛，肩着耒耜，走来滕国。他们听到许行的教说，立即把旧时所学的“周公仲尼之道”抛弃，而变成许行的信徒。这时孟子恰在滕国。有一天陈相去看他，彼此间不免有一番论战。孟子提出分工的道理来，说道：做各种手艺的人，要精于所业，不能同时耕种，难道治天下的人就可以同时耕种了吗？故曰：“或劳心，或劳力；劳心者治人，劳力者治于人；治于人者食（供养）人，治人者食于人；天下之通义也。”这自然是再对没有的。从孟子书中的记载看来，陈相也好像被他长江大河的辞令驳得哑口无言。不过就许行的根本主张推论，治人者即使不能“与民并耕而食”，“禄足以代其耕”也就可以了。凭什么理由，他们应当享受三十二倍甚至于三百二十倍于平民？凭什么理由，他们的子孙应当世世受着人民的供养？这是孟子所无暇计及的。这一点的忽略判定儒墨的荣枯。

不过孟子虽然承认世禄的贵族阶级，却怀疑天子世袭制度的合理。他设想一个德智兼全的圣人在天子之位，到了年老，则预选一个年纪较少的圣人，试使为相；如果这人的成绩彰著，便“荐之于天”，以为将来自己的替代者。老圣人死，少圣人便依法继位，这即后世所谓“禅让”制度。怎知道新君是被天所接受呢？天意是不可知的。但“天视自我民视，天听自我民听”。如果民心归附新君，即是天以天下与之。孟子相信，从前尧之于舜，和舜之于禹，都实行禅让的办法。所以他谈到政治，必称尧舜。但他已认禅让之变为世袭是“莫之为而为之者，天也”。禅让似乎只是他憧憬中的理想而非认为必须实现的制度。

孟子虽然拥护统治者的若干特权，毕竟认定政府存在的唯一理由，是人民利益的保障。他说“民为贵，社稷次之，君为轻”。他对于民生问题，也有比墨子更具体的改革方案。

依孟子的理想，每国的“国中”（首都和它的附近）和“野”（“国中”以外的地方）应有不同的制度。于“野”，每方里（九百亩）的田土为一单位。这一单位分为九格，成井字形。旁边的八格，分给八家，叫作“私田”。中间的一格由政府保留，叫作“公田”。八家除了各耕私田外，同时合耕公田。“公事毕然后敢治私事”。私田的出产完全归各私家，公田的出产则拿去充有职或无职的贵族的俸禄。此外农民更不须纳什么租税，出什么力役。这是孟子所谓“九一而助”的办法，也就是后世许多儒者所憧憬着的“井田”制度。至于“国中”的办法，孟子书中的记载不大清楚，也许有点残缺，现在不必费神去推敲。总之，在这里，减轻赋役和平均土地分配的精神是和助法一致的。

在这种经济组织之下，人民可以“养生丧死无憾”了，但“养生丧死无憾”孟子只认为是“王道之始”。什么是“王道之成”呢？那是用政府的力量，普及教育，使人人得而发展“人之所以异于禽兽”的特性。教育，在孟子以前是贵族的专利和其他少数人的幸运，把它普及于一般人，那是孟子的新要求，那是他指给后来的历史的新路。

再者，什么是“人之所以异于禽兽”的特性呢？

在孟子时代，一个新问题开始流行于思想界，那就是人性善恶的问题。所谓人性，是人人生来就有的品质。在这场争论中孟子是主张性善的。他以为人人生来就有仁、义、礼、智的趋势——“端”。所谓“仁之端”即对他人苦难的同情，所谓“义之端”即对不义事的羞恶，所谓“智之端”即辨别是非的能力，所谓“礼之端”即辞让的心情。孟子以为这四端“人之所不虑（思虑）而知……不学而能”的，也就是“人之所以异于禽兽”的。用全力去发展这四端，便是他所谓尽性。“尽性”的修养积之既久，人们便会仿佛感觉着自己的心中充满了一种“浩然之气”，“其为气也，至大至刚……塞乎天地之间。”具有这种气概的人“富贵不能淫，贫贱不能移，威武不能屈”。这便是孟子所谓“大丈夫”。做到这样的大丈夫才是人生的最高的目的。

这里可以附带讲一位不知名的政治思想家，即《周官》（亦称《周礼》）的作者。他无疑地是战国时人，但属于战国的哪一期和哪一国则不可知。我把他附在孟子之后，因为他的政治理想，在基本观念上是与孟子一致的；在细节上也有许多地方和孟子相同。儒家讲政治都是大体上拥护周朝的制度，即封建的组织，而在这躯壳内，提高人民的地位，改善人民的生活，发展人民的教育。孔子如此，孟子也是如此，《周官》的作者也是如此。但在实施的办法上，则孟子讲得比孔子更精详，《周官》的作者讲得比孟子更精详。从思想发展的自然趋势看来，我推测《周官》的作者的时代当在孟子之后，而且是受到孟子的影响的。

《周官》的作者是一大学者，他似乎曾尽当时所能得到的文献对周制做过一番研究功夫。《周官》一书是他对周制的知识和他的社会理想交织而成的。这里不打算给这部书作一提要，只将其中若干进步的理想摘述于下。

（一）孟子以为政治当顺民意。《周官》的作者亦然。他主张国家遇着三种时机，应当把全国的人民（他理想中一个政府所直接统治最大范围是王畿，不过一千里见方）召齐来征询他们的意见。那三种时机，一是国家危急，二是迁都，三是君位的继承有了问题（大约是君死而无嫡子）。

（二）孟子于“国中”和“野”提出不同的平均地权的制度。《周官》的作者亦然。他主张把“郊”（相当于孟子所谓“国中”）的田地分为三等：上等是最饶沃而无须采用轮耕法的，中等是须用轮耕法而每耕一年之后须休歇一年的，下等是每耕一年之后须休歇两年的。上田每家给予一百亩，次田每家给予二百亩，下田每家给予三百亩。于“野”不行轮耕法而按照另外的标准把田分为三等。上田，每夫（即成年的男子）给予一百亩，另外荒地五十亩；次田，每夫给予一百亩，另外荒地一百亩；下田，每夫给予一百亩，另外荒地二百亩。

（三）孟子鄙视垄断的“贱丈夫”，《周礼》的作者亦然。但他更想出由国家节制资本的具体办法。他主张遇天灾时和遇因季候关系而物产稀少时，禁止抬高物价。又主张国家设泉府一官，遇货物滞销，由泉府收买，待其价格升涨时，照原价卖于消费者。唯人民买泉府物时须得地方官吏保证，以防其转卖。这一来商人便无法贱买贵卖囤积居奇了。他又主张人民可以向泉府赊贷而纳很轻的利息。这一来富人便无法重利盘剥贫民了。

（四）孟子心目中的“王政”是要使普天之下无一人不得其所，甚至“内无怨女，外无旷夫”。《周官》于政府之社会救济的事业更有详细的规定，像荒政，像老弱孤寡的给养，不用说了。最可注意的是其中“医师”和“媒氏”两职。医师属下有许多内科和外科的官医，人民有病，由官医免费治疗。医师于每年年底统计官医的成绩，分别等第而加惩奖。每遇有病死的人，官医须记录其证候，送交医师。媒氏掌管人民的婚姻，他登记国内成年而无偶的男女给他们配合。每年二月他下令叫人民婚嫁，在这一月内，成年的男女可不经父母之命、媒妁之言而自由配合。

（五）在教育方面，《周官》的作者的思想比孟子落后。在《周官》里，贵族子弟的教育是有特设的官职（保氏）和机关掌管的，但像孟子理想中为平民子弟而设的“庠、序”却没有。在郊的区域，政教合一，地方官同时就是人民的教师。但在野的区域里，则除了军事训练外政府不管人民的教育，地方官也无教育的职责。若不是作者有重内轻外的见解，便是认为“野人”是根本不可教的了。至于郊的区域里，教育实施的办法大略有四种。一是“读法”。每年内，不同等级的地方官，在不同的时节和不同的典礼中召集属下的人民读法。《周官》里所谓法比我们现在所谓法意义更广，它包括许多现在不属于法律范围的道德规条。二是训诫和赏罚。人民有违法纪而罪非甚重的，由执法的官吏召来训诫，经过若干次训诫无效，便加惩罚。

品行优良的由地方官吏登记呈报，供政府选择任用。三是教导礼仪。党正（每五百家为一党，其长名党正）遇党内有祭祀、婚丧、宴饮等事，便去教导和纠正礼仪。四是会猎。各地的壮丁，每季聚齐举行田猎一次，由官吏率领。在猎事前后受武艺和战阵的训练。《周官》的教育理想是以六德、六行、六艺教万民（野人不在内）。所谓六德乃“智、仁、圣、义、中、和”，所谓六行乃“孝、友（亲于兄弟）、睦（亲于同族）、姻（亲于戚属）、任（信于朋友）、恤（救助贫乏）”，所谓六艺是“礼、乐、射、御、书、数”。作者更特别注重中和与礼乐。他说“礼以教中，乐以教和”。

第五节　杨朱、陈仲、庄周、惠施、老子

孟子攻击最力的论敌是墨翟和杨朱。据他说，当时“杨朱墨翟之言盈天下；天下之言，不归杨则归墨”。

杨朱据说见过魏惠王，大约是孟子的前辈，他的学说虽曾煊赫一时，他的事迹，却无传于后，他即使有著述，汉以后已亡佚。我们只能从战国人的称引中，窥见他的学说的一鳞一爪。与墨子的兼爱相针对的，他提倡“为我”（用现在的话说即自私），以为人生的最高目的，应当是各求自己舒适地生活下去——不放纵，也不吃苦，为达到这目的，人们应当“不入危城，不处军旅，不以天下大利易其一胫毛”。杨朱以为倘若人人能如此，天下便太平了。这种思想，无疑是一向独善其身的隐者给自己的生活的辩护。

稍后于杨朱而与孟子同辈的著名隐者有陈仲和庄周。

〔明〕关九思《老子出关图》

陈仲本是齐国的贵族。他的两个胞兄都食禄万钟。他却提倡“不恃人而食”的新道德；以为他们的禄是不义的禄，不肯食；以为他们的房屋是不义的房屋，不肯住。他带着妻室，避兄离母，另立家庭。他让妻缉练麻丝，自己织麻鞋出卖，以为生活。一日，他回旧家省母，适值有人送了鹅来，他厌恶道：要这䳱䳱的东西做甚？后来他的母亲瞒着他宰了那鹅给他吃。正吃时，他的一个兄长走来说道，这就是那䳱䳱的东西的肉啦。陈仲立即走到门外把它呕出来。他所实行的新道德，据说是“持之有故，言之成理”的，并且他的理论是很能“惑众”的，可惜其详现在不可得知了。

庄周，宋人，和主使齐魏称王的惠施同国籍，并且是很要好的朋友。但庄子却不乐仕进，仅做过本乡蒙邑的漆园吏。据说楚王有一次派人去聘他为相。他问来使道：“听说楚王有一只神龟，死去三千多年了。楚王把他藏在巾笥里。这只龟宁愿死了留下骨头受人珍贵呢？宁愿活着在烂泥里拖尾巴呢？”来使答道：“宁愿活着在烂泥里拖尾巴。”庄子便说：“去吧！我要在烂泥里拖尾巴呢。”庄子善用恢奇的譬喻解说玄妙的道理。他的著作是哲学和文学的结合。论其想象的瑰丽和情思的飘逸，只有稍后的楚国大诗人，《离骚》的作者屈原，可以和他比拟。他以为理想中的“至人”——那泯视了生死、寿夭、成败、得失、是非、毁誉的差别，超脱了世间一切欲好的束缚，一切喜怒哀乐的萦扰，看得自己与天地万物合为一体，不知有“我”与“非我”相对立的“至人”——他以为这样的“至人”较之背像泰山，翼像遮天的云，乘着海风直上九万里，激水三千里，一飞要六个月才歇息的大鹏还更逍遥自在；至于一般萦萦扰扰的俗人则比于那些被榆枋撞倒在地上的蝉雀。他把当世思想界纷呶的辩论，比于飓风起时万窍的声响：发自崔嵬的岩壑，发自百围大树的窟窿，像鼻、像口、像耳、像瓶罍、像杯棬、像舂臼、像深池或像浅池的，吼的、号的、叱的、吸的、叫的、笑的、嗷嗷的、吁吁的、嘻嘻的，为态虽百殊，都是自然而然并且不得不然的天籁，都无是非曲直之可计较。

庄子在当世的思想家中最推重惠施，在过去的思想家中最推重老子。

惠施是战国初中期之交思想界里一颗彗星。整个战国时代的思辨力集中在人事界——在社会改造，战争的消灭，一切世间苦的解除，只有惠施曾把玄想驰骋到自然界上，据说他曾"编为万物说，说而不休，多而无已，犹以为寡，益之以怪"；有人问他"天地所以不坠不陷（及）风雨雷霆之故"，他"不辞而应，不虑而对"。在社会思想上他有"去尊"之说，即废除尊卑的差别的主张，可惜其详不可得而考了。他著的书据说有五车之多，那时书用竹简写，一车的书未必抵得过现在一厚册。然而他的著作之富可说是前无古人了。可惜这五车的书只传下短短的十句话，至今哲学史家还不能尽解。

老聃传说是楚人，姓李名耳，做过周室的守藏史。传说孔子在中年曾往周都向他问礼，又现存的《老子》五千言相传就是他的遗著。不过老聃既然是这样一个名人，《老子》书又真是他所作，那么书中最露骨的主张，像"绝圣弃知""绝仁弃义"之类，和孔、墨的学说都根本不相容的，不应在孔、墨时代的一个半世纪中，绝无人称引或批评的，而且书中所泄露的社会背景，像"万乘之国""取天下"等话，绝非孔子时代所有。因此好些史家都不相信《老子》书是孔子同时的老聃所作。但在战国晚期，这书中所具的学说已成为显学，而书中的话屡为《庄子》所引，那么这学说当有一部分产生于庄周著书之前，也许有一部分是承袭孔子同时的老聃的。我们不能起古人于地下，只好以这样不确定的结论自足了。

世界上再没有五千字比《老子》书涵义更富，影响更大的了。它阐明“物极必反”“福兮祸所伏”的原则；教人谦卑逊让，知足寡欲；教人创造而不占有，成功而不自居；教人将取先与，以退为进，以柔制刚，以弱胜强。以为文明是人类苦痛和罪恶的源泉，要绝弃知识，废除文字，而恢复结绳记事的老法，废弃舟车和一切节省人力的利器，让“邻国相望，鸡犬之声相闻，而民至老死不相往来”。在政治上它主张统治者但摆个样子，一切听人民自便，不加干涉，像大自然之于万物一般。这便是它所谓“无为”。它否认有一个世界的主宰者，以为宇宙间的事物都是循着一定的法则，自然而然。它提出一个无形无质，不动不变，不可摹状，“玄之又玄”的“道”，以为天地万物的原始。《老子》书的作者和庄子都喜欢讲这个“道”，因此后人称他们为道家。庄子和他一派的学者都喜欢借神话中的黄帝的口吻来发表自己的思想，因此后人有“黄老”之称。

第六节　邹衍、荀卿、韩非

像众川到了下游，渐渐汇合入海，战国的思想到了末期有一显著的趋势，是混合。例如以儒家为主，而兼采墨、道的有荀卿；集法家各派的大成的有韩非。最后秦相吕不韦命众门客合纂了一部《吕氏春秋》，那简直是当时的流行思想的杂货店。今以荀卿、韩非，及荀卿的同时人邹衍为主，略述这一期思想界的大势。

（一）邹衍，齐人，据说做过燕昭王师，死于长平之战以后。他的著作有十余万言，可惜都已亡佚。邹衍的学说，现在所留传的有“大九州说”和“五德终始说”。邹衍以前的学者想象全世界是一块大陆，四围是海，海尽处与天相接；当时的中国（包括七雄和若干小国）几乎就是这大陆的全部；这大陆相传曾经夏禹划分为九州。邹衍却以为“儒者所谓中国者，于天下乃八十一分居其一耳。中国名曰赤县神州。赤县神州内自有九州，禹所序九州是也……中国外如赤县神州者九……（各）有裨海环之，人民禽兽不能相通。……乃有大瀛海环其（大九州）外，天地之际也”。这便是大九州之说（约略同时又有一种关于世界的想象，以为“凡四海之内，东西二万八千里，南北二万六千里。……凡四极之内，东西五亿［十万］又九万七千里，南北亦五亿又九万七千里。”说见《吕氏春秋》）。邹衍以前又有一种流行的思想，叫作五行说。五行说的出发点是认为万物皆由金木水火土五种元素构成，叫作五行。世间事物大抵可以凑成五项一组，和五行相配，如五色、五音、五味、五方等等。遇着不够五项的事物便割裂足数，例如在四季里分出季夏凑够五时。各组中的任何一项和五行中与它相当的某项之间，有一种神秘的关系。例如五时中的春季和五色中的青同是和五行中的木相配的，所以帝王在春季要穿青色的衣服才吉利，这是五行的迷信的基本方式。当时的儒者又以为一年之中五行的势力轮流当盛。在某行当盛时，帝王除了须穿颜色与它相配的衣服外还有许多应做和不应做的事项：例如仲春应当行庆施惠，禁止伐木覆巢，不应当出兵。凡帝王在一年各时中应做和不应做的事项曾被列成时间表，叫作“月令”。邹衍更把“月令”的思想推广，以为自从“天地剖判”以来的历史也是给五行的势力，即所谓“五德”轮流地支配着。在某德轮值的时代须有某种特殊的服色、某种特殊的制度（关于正朔、数度和礼乐的制度）和某种特殊的政治精神，和它相配。例如周属火德，故色尚赤。某德既衰，继兴的一德，必定是与前相克的；例如水克火，故水德继火德。两德交替的时间，照例有些和新德相应的符瑞出现，符瑞所在，便是新时代的主人的所在。例如周文王时，有赤鸟衔着丹书，落在周社（月令和五德终始的思想。《周官》中无之，可见此书似作于邹衍之前）。

到邹衍时代，群龙无首的局面已经历五百多年了。悯世的哲人都在盼望统一“偃兵”；苦命的民众都在盼望“真命天子”出现。邹衍的五德说正好给将兴起的新朝以制造符命的方法。这一系统应时的迷信，以著名夸诞的齐国做中心，不久便掩盖全国；而荀卿一派儒者所提倡的严肃的理智态度，竟被撇到历史的暗角里去了。

（二）荀子（名况，字卿），当孟子做齐国的客卿时，以一个俊秀的少年游学稷下，但及见湣王之死和长平之战，约略和邹衍并世。

孟荀是儒家中两位齐名的大师。他们同是孔子的崇拜者，同以周制的拥护者自命，同鼓吹省刑罚、薄税敛和息战争的“王政”。但这些同点并不能掩蔽他们间若干根本的差异。孟子的性格是豪放、粗阔的；荀子却是谨饬，细密的。这种差别从他们的文章也可以看得出，在他们的学说上更为显著。孟子相信人性是善的，以为只要让他顺着自然的趋向发展，不加阻碍，他便会走上正路。所以在个人的修养上孟子注重内蕴的扩充，而不注重外表的抑制和典型的模仿；注重“先立乎其大者”，先握定根本的原则，而不注重枝节点滴的训练。在政治上，孟子注重在上者的感化和民众的教育，而不注重礼制的束缚。荀子则正正相反。他认定人性是恶的，若让人们顺着自然的趋向做去，结果只有争夺、暴乱；自然的人好比野兽，要靠礼制的链索把他捆住，才不致噬人，要靠日积月累地养成守礼的习惯，才会消除兽性。“礼”——这个名词荀卿从未曾给过明晰确定的界说，大约包括所有传统的仪节、传统的行为轨范和一些他所认为合理的社会制度，尤其是规定贵贱、尊卑、贫富等阶级“身份”的制度——在荀卿看来，是一种社会的万应药。“人之命在天，国之命在礼”。

不过人性既然是恶的，那些改变人性而强人为善的“礼”却是怎样产生的？荀子以为人虽有恶性，同时也有教他趋乐避苦、趋利避害的智力。人们的智力不齐，智力最高的便是圣人。“礼”，是圣人为着人类的福利而创造出来的，人们要生存不能不分工互助，不能没有“群”（社会）。但人们若顺着本性做去，则任何人都是其他任何人的仇敌，根本不能有“群”。圣人造出种种礼制就是要使人们相让相安，使“群”成为可能。以人类的福利为礼制的根据，这是荀子本自墨家的地方。

荀子又承袭道家之说，以为宇宙间一切事变都循着永恒的法则。没有天意的主宰，没有妖祥的征兆。但不像道家的委心任命，他觉得正唯自然有固定的法则，人类可以利用这些法则去战胜自然。他又以为一切人为的法则，即一切礼制，也如自然的法则一般，适用于过去的必定适用现在和将来。这是他拥护“周道”的论据，也是他反对法家因时变法说的论据。他绝不能想象同样的礼制在不同的生活环境里，可以有绝对不同的效果。

在一切的礼制中，荀卿特别注重贵贱贫富的阶级的差别。他以为若没有这种差别，社会秩序是不能维持的。他说："两贵之不能相事，两贱之不能相使，是天数也。势位齐而欲恶同，物不能赡（供给），则必争，争则乱。……先王恶其乱也。故制礼义以分之，使有贫富贵贱之等。足以相兼临者，是养天下之本也。"这就是说，人们天生是这样坏，若没有一种势力在上面镇压着，则除了所欲皆遂的人，个个都会做强盗。要维持这种镇压的势力，不能不设立一个特别贵和特别富的阶级。这是荀卿对许行的"神农之言"和惠施的"去尊"（废除尊卑的差别）说的总答复。这是荀卿对于传统制度的拥护比孟子更要细密的地方。

荀卿的礼治和法家的法治相差只这一间：礼制的维持毕竟靠风气和习惯的养成重于靠刑罚和庆赏的迫诱，而法家的行法则专靠刑罚和庆赏的迫诱而无暇顾及风气和习惯的养成。但荀卿的礼和法家的法有这一点根本的相同，它们对于个人都是一种外来的箝制，他只有服从的义务，没有选择的余地，没有怀疑和批评的自由。荀卿的思想和法家这样接近，他的门徒中出了一个集法家理论之大成的韩非和一个佐秦始皇实行法家政策的李斯，绝不是偶然的。

（三）在讲到韩非（韩国的公子，名非）之前，对于法家，得补一笔。法家和其他一切家派有一根本异点。别家讲政治总是站在人民的一边，替全天下打算。法家则专替君主打算，即使顾及人民也是为着君主的利益。这是无足怪的。法家的职业本来是专替君主做参谋。一个君主的利益没有大得过提高威权和富强本国；而且这些越快实现越好，至少要使他及身看见成功。这个问题，韩非把握得最紧，解答得最圆满。

韩非以前的法家有三派，其一重“术”，以在战国中期相韩昭侯的“郑之贱臣”申不害为宗。所谓“术”，即人主操纵臣下的阴谋，那些声色不露而辨别忠奸，赏罚莫测而切中事实的妙算。其二重“法”，以和申不害同时的商鞅为宗。他的特殊政略是以严刑厚赏来推行法令，使凡奉法遵令的人无或缺赏，凡犯法违令的人无所逃罚。其三重“势”，以和孟子同时的赵人慎到为宗。所谓势即是威权。这一派要把政府的威权尽量扩大而且集中在人主手里，使他成为恐怖的对象，好镇压臣下。这三派的注意点，韩非兼容并顾，故此说他集法家的大成。

韩非对于当世的君主有大旨如下的劝告：你们国弱的不是想强，国强的不是想更强，甚至用武力统一天下吗？这是无可非议的。不过大部分你们所采的手段，尤其是你们所认为最贤明的手段，尤其是儒家所进献的手段，若不是和你们的目的相反，便是离你们的目的很远。儒家（墨家也一样）不是教你们用贤人治国吗？你们试伸手一数，国内真正的贤人有几？可数得满十只手指？但国内重要的官吏至少有一百。你们再等一辈子也找不到这么多贤人的。不要把心放在贤人上！不要怕人不忠，怕人作弊，要设法使人不能不忠，不敢作弊！我老师荀卿说得好，人天生是坏，天生贪利怕祸的。只要出可靠的重赏，什么事也有人替你们做到。只要布置着无可逃避的重刑，甚么弊也可以禁绝。但注意，刑法不独要重，而且要使人无可逃避。无论怎样精细的网，若有了漏洞，就捉不到鱼！其次儒家不是教你要爱民而且博得人民的爱戴吗？这于你们有什么好处？你们爱民，极其量不过如父母爱子，但顽劣的儿子，父母动不了他毫毛的，一个小小的县吏带着链索去拿人，就可以使他妥妥帖帖。要使人民服从，与其用爱，不如用威。而且人民的爱戴是靠不住的。能爱人者亦能恶人。你们若把自己的命运放在人民的爱戴上，一旦他们不爱戴了，又怎办？其次，那班满口禹、汤、尧舜或神农、黄帝，以“是古非今”为高的“文学游说之士”，和那般成群结党以逞勇犯禁为义的剑击游侠之徒，不是世人所敬仰，而你们也敬仰着，甚至供养着的吗？这两色人到底于你们有什么用处呢？你们所需要的，第一是出死力打仗的兵士，第二供给兵士以粮食的农民，现在说士和游侠既不替你们打仗，又不替你们耕田，都享着荣誉或富贵，而兵士和农民却处在社会的最下层，战士的遗孤甚至在路边行乞！“所利非所用，所用非所利”，这是再颠倒没有的了。何况说士和游侠，对于你们，不独无用，而且有害！游侠以行为破坏你们的法令，说士以议论破坏你们的法令。他们都是要于法令之外，另立是非的标准。他们的标准行，你们的威严便扫地。再可恶不过的是说士们称引先生批评时政。臣之尊君至少应当比得上子之尊父。设想一个儿子成日对自己的父亲赞别人的父亲怎样晏眠早起，勤力生财，怎样缩食节衣，鞠养儿女，这对于自己的父亲，是怎样的侮谩。这种侮谩，明主是不受的。所以“明主之国，无书简之文，以法为教；无先王之语，以吏为师”。

韩非著的书，传到秦国，秦王嬴政读了叹道：“寡人得见此人与之游，死不恨矣！”